交到100個新朋友

開啟心門的魔法溝通術

Little Bear／文・圖　游芯歆／譯

前言

「流言無腳行千里。」
「白天說話鳥聽到,晚上說話鼠聽到。」(隔牆有耳)
「好話有往才有來。」

　　為什麼有這麼多和說話相關的諺語呢?這是因為「言語」在我們生活中扮演著重要的角色。當我們想學習什麼知識、想解決糾紛或問題、想要求自己希望獲得的東西等各種情況時,言語都是不可或缺的存在。有時候只需要一句話,就可以讓關係變得更好,讓困難得以解決、讓氣氛發生變化。

　　那麼「言語」和「對話」有什麼不同呢?言語是傳遞想法的表達工具,無論對方是否聽得懂、是否理解,都是單方面進行的。然而對話則是從你來我往的交流開始的,必須努力傾聽對方說的話,才能產生共鳴,進而理解對方的意思。因此,真誠的對話可以說是集合了說、聽、理解為一體。

但是，過多的對話也不見得是一件好事，「如何」進行對話才是最重要的。只有掌握了誠實表達自己心意和想法及傾聽對方說話的方法，才能建立和維繫良好的人際關係。

《交到100個新朋友》是一本足以為所有在溝通上遇到困難的孩子們提供指引的書。透過同齡朋友們充滿趣味的冒險故事，來說明什麼樣的對話是好的對話、該怎麼做才能輕易贏得對方的心，從愉快有趣的圖畫中學習與任何人都能成為朋友的對話技巧。

圓滿的人際關係來自真誠的溝通，只要多多利用和練習出現在書中的各種對話技巧，就會在不知不覺中發現自己可以和無數的朋友手牽著手，分享「輕鬆愉快的對話」。

來吧，為了交到100個新朋友，現在就讓我們出發去冒險！

目次

❶ 去海邊！ 10

❷ 來到海底世界！ 15

❸ 贏得精明小魚的心！ 19

✦ 想和我交朋友嗎？請叫我的名字！
✦ 嘗試從共同點展開對話！ ………… 26

❹ 和木訥的蝦子做朋友！ 27

✦ 一句問候可抵千金債！
✦ 親切和冷漠只有一線之差！ ……… 38

⑤ 遇見寂寞的烏龜爺爺！39

✦ 提問是對話中最重要的素材！　✦ 開玩笑也要有個限度！……………………… 49

⑥ 幽靈寶寶，別哭！50

✦ 擅於傾聽的人最棒！………………… 63
✦ 來回於理性和感性的說服技巧！

⑦ 前往迷宮洞穴！64

✦ 道歉時必須遵循的五個步驟！…… 73

⑧ 龍王爺，拜託了！74

✦ 稱讚可以讓海豚跳舞！
✦ 過度的稱讚反而有礙人際關係！…… 86

⑨ 到天界去！87

✦ 有邏輯的話語就像拼圖一樣片片相連！
✦ 先從重點說起！……………………………… 97

⑩ 從麻雀村生還！ 98

✦ 說話也需要計畫和練習！　✦ 利用獨特的想像力來消除緊張！ 114

⑪ 翼龍呀，為我指路吧！ 115

✦ 在人群裡面以一個人作為突破口！
✦ 如何跟一個沒禮貌的人說話！ 126

⑫ 我要去神殿！ 127

✦ 說話要有自信、發音要正確！
✦ 即使是路過的螞蟻也不要任意批評！
　　　　　................. 136

⑬ 宙斯大人，該起床了！ 137

✦ 沒有眼神交流，就無法開啟對話！
　　　................. 146

⑭ 再次見到會說話的樹！ 147

✦ 用模稜兩可的話打開話匣子！
✦ 通往理解，而不是誤解的對話！
　　　................. 159

⑮ 教訓傲慢無禮
的猴子！160

✦ 換個立場想一想！
✦ 先拒絕，再提出替代方案！………176

⑯ 與孤僻的
鼴鼠和解！177

✦ 盡量詳細地敘述！
✦ 說話時多用「我」，少用「你」！
　　　　　　　………188

⑰ 搭公車！189

✦ 真心在地球之外也行得通！………205

⑱ 回家！206

✦ 對話是打開心門的鑰匙！………213

第1章
去海邊！

和朋友們一起來到海邊。

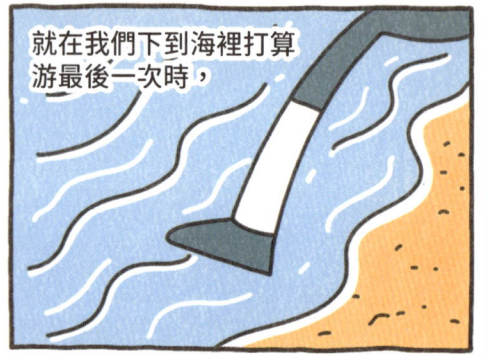

來到海底世界！

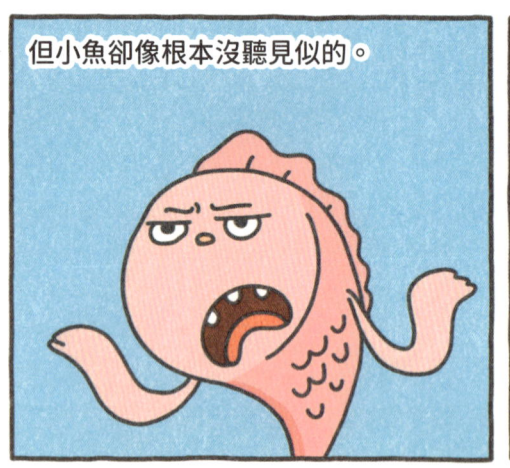

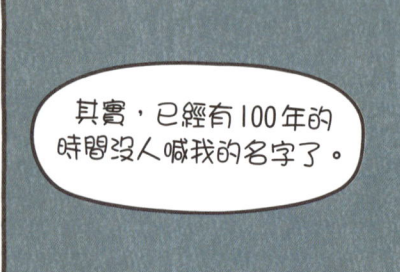

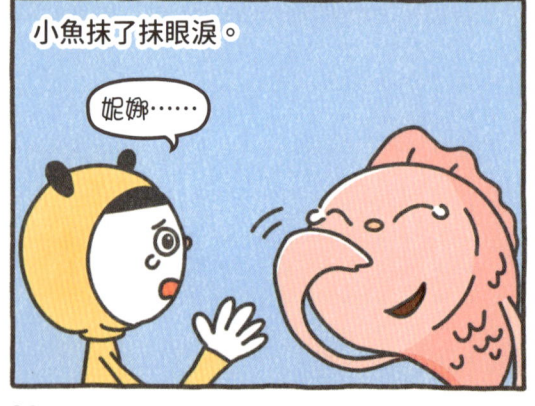

愉快的對話

想和我交朋友嗎？請叫我的名字！

叫名字有很大的力量。
根據英國紐卡斯爾大學研究小組的一項研究結果顯示，給一群乳牛取名字，並且每天喊牠們的名字的話，這群乳牛的乳產量會比其他乳牛多出約3.5%。
研究小組解釋，這是因為「乳牛在個別的關心和照顧下感到幸福」。
沒錯，就是「個別的關心和照顧」。

直接叫我的名字「妮娜」，而不是僅僅喊我「同學」、
「小朋友」或「喂」，這代表你特別記住了我的存在。

我的名字就像一顆寶石，在這世界上只有我才能擁有。
所以我們要更加小心，不要忘記或叫錯了別人的名字。
以後，當你不知道該怎麼開口說出親切的話語時，就叫一聲朋友的名字吧！

嘗試從 共同點 展開對話！

和某個人拉近距離的最快方法，就是找到那個人和自己的共同點。
不是只有我知道，或只有對方知道的事情，而是

「我們兩人都」知道的事情，
才能讓兩個人之間的關係顯得更特別、更緊密。

當對方提到共同點時，如果能使用表達共鳴和喜悅的語氣，
譬如「真的嗎？我也是！」的話，那會更好。
當然，最好的是能對共同點有更仔細和深入的討論。
不過，就算很難找到共同點也不用灰心。
可以從大家都熟悉的話題，像是天氣、家庭作業、
老師、藝人等來打開話匣子！

要溫暖地來接近我！

第 4 章
和木訥的蝦子做朋友！

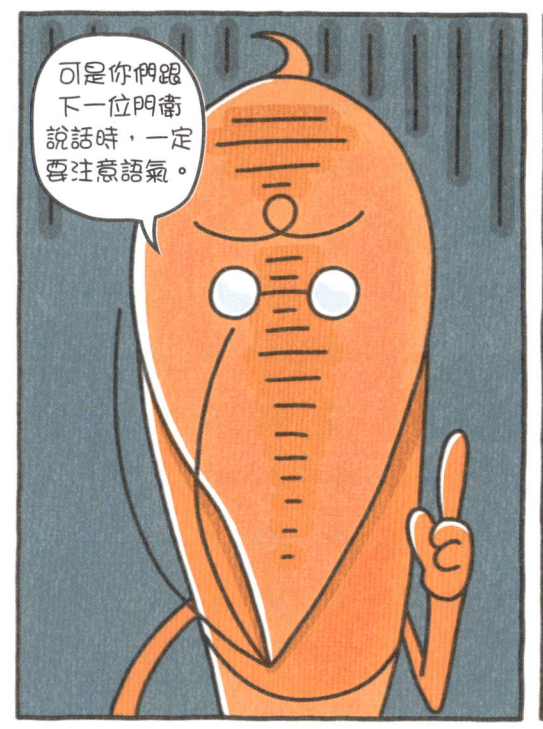

| 可是你們跟下一位門衛說話時,一定要注意語氣。 | 以後還會有許多更可怕的門衛! |

蝦子門衛為我們打開了城門。

打開了!

哇啊……!

蝦子門衛對我們揮揮手。

感謝您,門衛大人!

路上小心。

愉快的對話

一句問候可抵千金債！

你聽過「一言可抵千金債」這句諺語嗎？
千金是相當於現在幾千萬元的鉅款。
這句諺語告訴我們，自古以來言語有多重要。
那麼，什麼話最容易給人帶來喜悅呢？
那就是問候。「你好嗎、感謝你、謝謝你、祝你有個愉快的一天」
這些話說起來並不難，但總是能讓

聽到這句問候的人心情變好。
而問候對方的你，心情當然也會跟著變好。

對著初次見面的人、公車司機、大賣場員工，或者不太熟悉的朋友，
不要一副齜牙僵硬的表情，笑著先問候對方，如何？
大家會喜歡你的美麗心靈，你的周圍也會充滿開朗幸福的氛圍。

> 反省一下你說話的語氣！

親切和冷漠只有一線之差！

即使是相同的心意，因為說出來的話不同，也會讓對方有完全不同的感受。
你是否曾經有過和哪個人說話說到一半，對方表示很不高興的經驗？
如果有的話，那問題應該就在於你說話的語氣。
好，我們來看看以下兩個人的對話。
對不起踩到你了。／嘖……算了。／真不好意思……／啊，就跟你說沒關係呀！
對不起踩到你了。／哦，沒關係～／真不好意思……／啊，真的沒關係啦！嘿嘿。
雖然兩個人都回答「沒關係」，
但因為語氣不同，踩到腳的人聽到以後會有完全不同的感受。
有人說，一個人說話的語氣是一面鏡子，顯示了這個人的個性和他一直以來的生活。
即使是相同意思的話，我們也可以試著說得更友善一些。
因為說不定這些話語有一天會為你帶來更溫暖的人生。

第5章
遇見寂寞的烏龜爺爺！

我們就這樣進入了第三個空間……

哇啊～

哎呀！看這個！

長出魚鱗了！

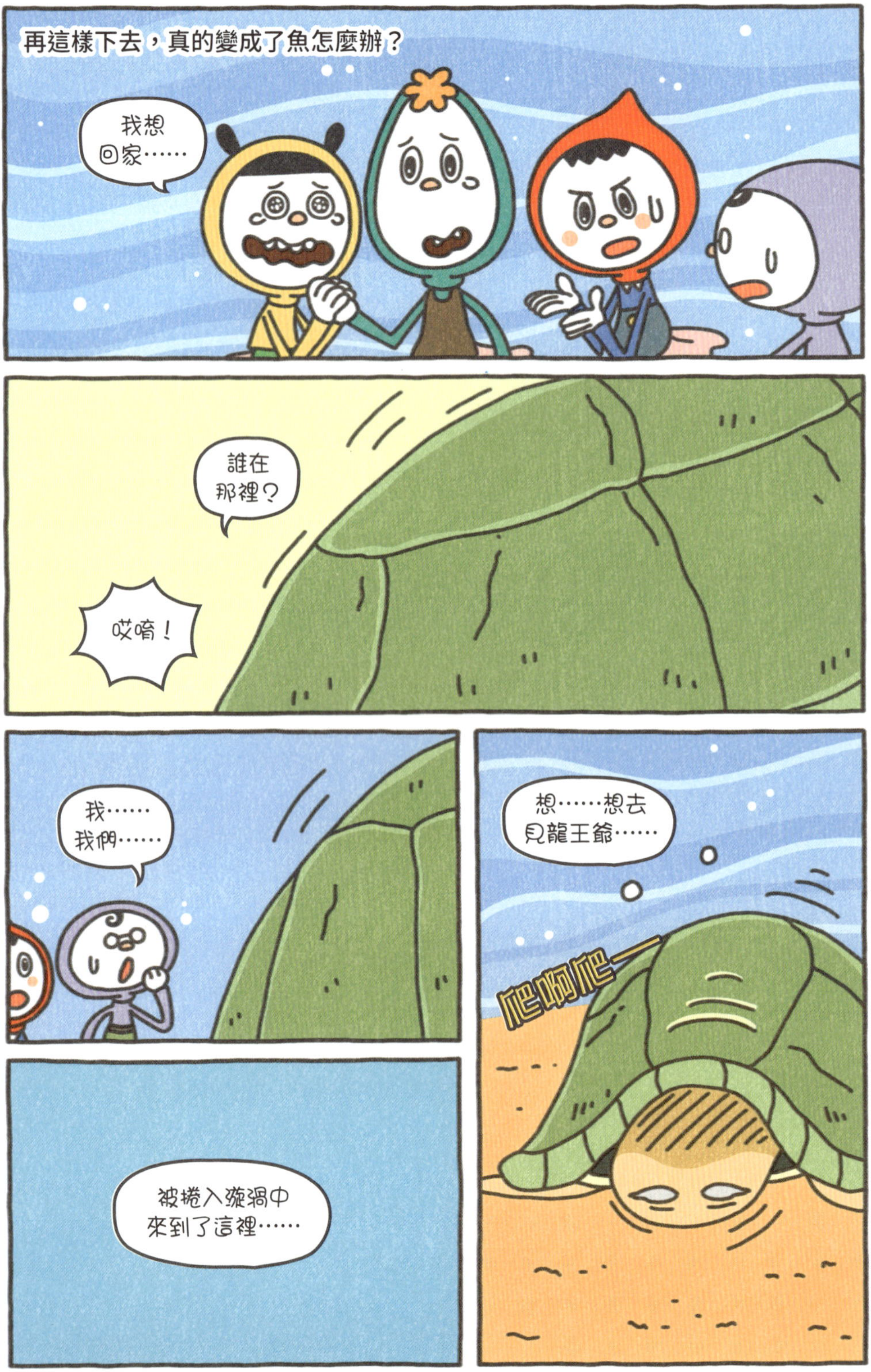
再這樣下去，真的變成了魚怎麼辦？
我想回家……
誰在那裡？
哎唷！
我……我們……
被捲入漩渦中來到了這裡……
想……想去見龍王爺……
爬啊爬——

是一隻非常巨大的烏龜！

嗖一地

龍王爺～？

原來如此，你們可以晚點再走嗎？

在這裡喝杯茶……

不好意思，我們有點趕時間！

因為我們說不定很快就會變成魚。

是嗎?那太可惜了……

他大概很寂寞吧……

要不要陪他一下?

好呀!

我們圍在烏龜爺爺的身邊坐了下來。

老爺爺~

您在這裡住了多久?

嗯……大概有1300年囉……

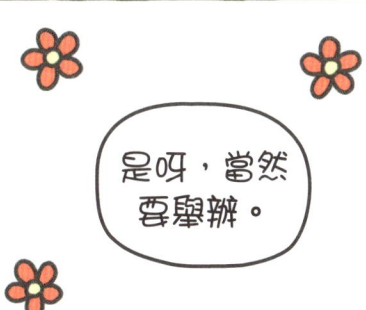

真的嗎？您在這裡出生的嗎？	不是，我出生在很遠的一個洞穴裡。

為了覓食來到這個地方，偶然間遇見了我美麗的妻子……

結婚以後就在這裡住了下來。

哇～也舉辦了結婚典禮嗎？

是呀，當然要舉辦。

43

那是一場非常浪漫的婚禮,有許多的魚都來道賀,我們在美麗的海草中舉行宴會。

光想想都覺得很幸福……

那您的妻子現在在哪裡呢?

我的妻子……

現在臥病在床。

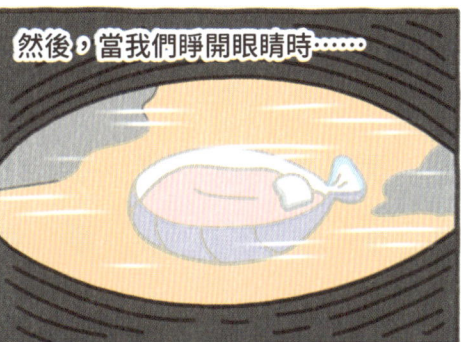

| 大約一年前,發生了非常巨大的海底地震……

| 妻子和我都暈了過去。

| 然後,當我們睜開眼睛時……

| 拉……拉拉!

| 老公,拉拉不見了!

| 我的女兒……早已經隨著漩渦一起消失了。

怎麼會發生這種事……
聽了烏龜爺爺的故事，我們都感到很難過。
您當時一定很傷心。
但是就在這個時候……
老爺爺，別太擔心。
因為是被漩渦捲走的，
所以擔心也沒用吧？
你說什麼？
注：雲燦講了「漩渦」跟「擔心」的諧音笑話。

你剛才說了什麼？

我心愛的女兒不見了,你說我們擔心也沒用?

老爺爺一生氣,雲燦馬上變得不知所措。

我騙、騙玩笑的!

什麼騙玩笑?

我、我想讓您心情好一點!

那種話算玩笑嗎?

你們這些傢伙！可惡的傢伙！
我還想跟你們聊聊天，沒想到你們竟然侮辱我和女兒！
還不快滾！滾得遠遠地，作夢都別想見到龍王爺！
烏龜爺爺用他巨大的前掌，將我們甩了出去。
是我們不好～
對不起，我不是那個意思！

愉快的對話

提問是對話中最重要的素材！

各位～，好好聽聽我這老人家的話。如果你想和哪個人愉快對話，
就不要只顧著說自己的事情，也要向對方提出問題。
從「吃飯了嗎？」開始，到「有什麼愛好？」、「喜歡小狗嗎？」等等。

提問是開啟新對話之門的鑰匙。
如果像拋球一樣拋出問題，
隨著對方的回答，對話就會延續下去。

如果你想親近某個人，就要小心地詢問與他相關的事情。
隨著話題一個接著一個形成，與對方的距離也會愈來愈接近。

開玩笑也要有個限度！

還有……，如果像剛才那孩子一樣，為了改變對話氣氛，
說了傷害對方的話，那可不行喔！
雖然他想博人一笑才說那種話，但聽在當事人耳裡，
心裡有可能受到很大的傷害。
機智搞笑的人確實很受人喜愛，
但要留意不能為了逗人發笑就說出不應該說的話。

尤其是貶低別人的外貌，或者是針對
對方自認為是缺點的部分開玩笑，那絕對不行！

一定要記住我的話。
比起說一百句玩笑話，
一句話都沒說錯或許還更重要……。

小心不要說錯話～

第6章
幽靈寶寶，別哭！

我們被甩飛到一個不知名的地方……

大家都很疲憊。

啊～，我受不了了！

讓我回家！讓我回家！

在我掉進水裡之前！

已經掉進水裡了……

拉妮保持沉默。

雲燦一臉扭曲。

我哭個不停。

這時，千載元擋在了我們前面。

夥伴們，等一下！

聽我說，現在不是沉浸在悲傷的時刻。

51

看，有沒有看到
那裡的那座塔？
雖然四周昏暗看不太清楚，
但那裡八成是龍宮吧。
大家還記得
我們之前經過的
城牆吧？
城牆……，
我沒注意到
耶？
好好想一想那些城牆的特徵！
非常高。
而且，
圍成圓形！

沒錯，圓形，就是這個！
第一層、第二層、第三層……
城牆都是圍成圓形建造的。
最重要的東西就會在最中間的圓裡面。
龍王爺一定就在那座圓塔裡。
看起來沒多遠，我們不要放棄。
握緊

可是，周圍一定有城牆環繞…… 門衛們也很可怕…… 真的很疲憊了！	
這樣下去像他一樣變成魚怎麼辦？	拉妮和雲燦也大哭起來。 哇哇 好可怕
我可以理解你們的心情，我現在也很害怕。	但是，夥伴們，別太害怕，看看那裡，不覺得很美嗎？

哇……真美!

真的耶!仔細看,真的很美……!

我們這輩子哪有機會來這種地方?

雖然很想念家人,也感到很害怕,

但就把這當作是一次來這美麗海底的愉快旅行吧!

| 因為載元的話，心情變好的我們 | 開始游向高塔。 |

| 然而就在這時候！ | 等一下！ |
| 嗚⋯⋯ 嗚嗚⋯⋯ | 嗚嗚⋯⋯ |

不知道從哪裡傳來的哭聲？

過去看看！

在我們游過去的地方有一艘巨大的海盜船。

好大喔⋯⋯

嗚嗚……

你好……

是一個正在哭泣的幽靈寶寶！

轉身

呃啊！

你為……為什麼哭？

哇哇哇～

57

幽靈寶寶一直說著讓人聽不懂的話。

嘎嘎～
嘛嘛～
嘎嘎～

他在說什麼呀？

完全聽不懂……

算了，走吧！

啪

慢著，等一下啦！

再聽聽看他說什麼。

嘛嘛～
要要～ 嘛嘛～

嘛嘛～
ㄋㄟㄋㄟ～
耍耍～
嘎嘎～ 耍耍～
痛痛～ 嘎嘎～
嘛嘛～ 耍耍～
嘛嘛……耍耍？
沒有媽媽嗎？！
原來是肚子餓了！
嘎嘎，沒有媽媽！
也沒有ㄋㄟㄋㄟ！
所以肚子餓了～？

我們開始掏出口袋裡的東西。	我有巧克力……
我有花生！	我有爸爸給的糖果！ 我有海綿蛋糕！

幽靈寶寶立刻接過這些東西吃了下去。

好吃～	咯咯　吃得下就好。　咯咯

幽靈寶寶把食物全都吃光了。	好，我們該走了吧？ 咿咻
我們走囉！ 保重喔！	這時，幽靈寶寶叫住我們。 嘎！
嘎嘎嘎～	咦？這是什麼？

鑰……鑰匙！

這是哪裡的鑰匙？
嘎嘎嘎～嘎嘎嘎嘎嘎嘎～
嘎嘎～
說什麼呀？　聽……聽不懂！
不過還是先收下來吧。
謝謝，我們會好好使用的！
就順著這條路走吧。
好呀，要不要游快一點？

愉快的對話

善於傾聽的人 最棒！

哥哥、姊姊，你們好！我是幽靈寶寶。剛才因為我太胡鬧，你們很辛苦吧？
對不起，我也有很多話想說，偏偏說不出來，好難受喔！
幸好雲燦哥哥和拉妮姊姊耐心聽我說話，我真的很高興。
哥哥姊姊你們身邊一定也有像我一樣有話想說卻說不出口的朋友吧。
因為害羞、不擅於交朋友、像我一樣年紀小或身心有病痛……

請一定要好好傾聽他們說話！
在困難的時候，如果有人認真聽自己說話，
沒有比這更令人感激、更有幫助了。

等待可能會讓人覺得煩悶，
但請忍住這種心情，以開放的心靈傾聽一次，好嗎？
因為有了哥哥姊姊們的傾聽，那位朋友一定能以更開放的心態來看待這個世界。

來回於理性和感性的 說服技巧！

對了，還記得剛才載元哥哥說的話嗎？
「有圓形的城牆就有圓形的塔！」
不僅指出要走的路，還讓我們看到美麗的風景，深受感動。
聽說這是一種說服別人的好方法。

在敘述解決方案的同時，也刺激內心深處的情感。

哥哥姊姊，當你們要說服別人時，也一定要考慮這兩點。
除了提出讓每個人都能點頭同意的適當選擇之外，
也別忘了加上能打動人心的話喔！
那大家一定會被哥哥姊姊們的話給吸引住吧？

對話能打動人心！

第7章
前往迷宮洞穴！

心情又再度變好的我們

用力划著水……

岔路呀……

怎麼辦？

好像是這條……

也好像是那條。

就在這個時候！
叩叩
這這！
是幽靈寶寶呀！
你怎麼
跑到這裡來了！
是這條嗎？
好，走吧！
每次碰上岔路，幽靈寶寶就會為我們指路。
這這～
OK！
簡直就是迷宮……

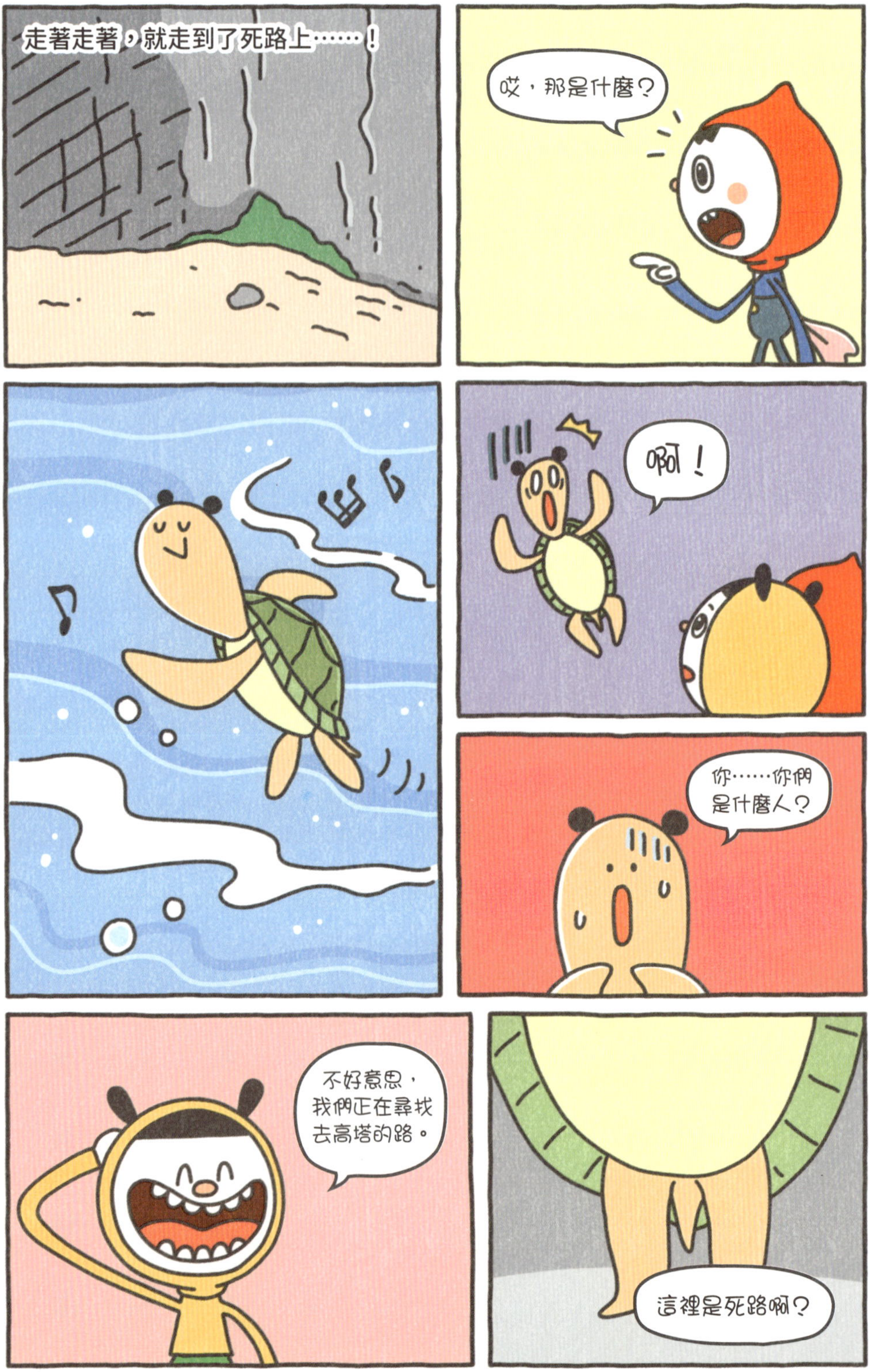
走著走著，就走到了死路上……！
哎，那是什麼？
啊！
你……你們是什麼人？
不好意思，我們正在尋找去高塔的路。
這裡是死路啊？

你們也跟我一樣迷了路才走到這裡來的樣子……

這裡是迷宮，別說高塔了，連入口都找不到。

我也嘗試了幾千次，最後只好放棄……

這時，幽靈寶寶上前來。

那那！

那那那！那那！

他好像在說走那邊？

哦？
跟著我們走吧，這孩子好像知道路！
幽靈寶寶拉著烏龜小姐的手游了好一陣子，
結果把我們帶到了一扇門前。
這這這！
然後，拉妮拿出剛才收下的鑰匙。
啊，那個！
打開了門……！
卡嗒
哇啊……！

| 是剛才的那道城牆！ | 然後，有聲音從遠處傳來。 孩子，孩子！ |

女兒呀，我的女兒！
爸爸！

| 原……原來她就是烏龜爺爺的女兒？！ | 怎麼這麼巧！ 太好了！ |

69

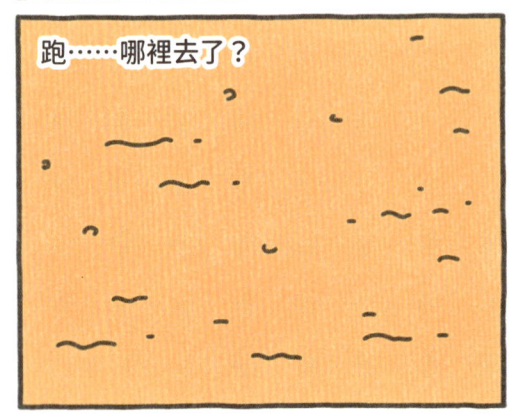

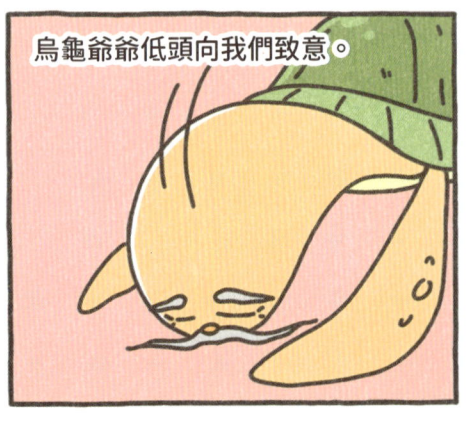

兩隻烏龜抱頭痛哭。

有沒有哪裡受傷？

沒有，我很好！

真的太感謝了。你們怎麼知道這件事還把我帶到這裡來……。

沒有啦，都是幽靈寶寶帶的路……咦？

跑……哪裡去了？

烏龜爺爺低頭向我們致意。

真的太感謝了。託你們的福找到了我女兒。
沒什麼。剛才我們對您很抱歉。
看您好像很傷心的樣子，我才想開個玩笑緩和一下氣氛……。只顧著自己的想法，卻說了不該說的話。
您本來就已經很擔心了，又因為我們更感到難過吧？真的很抱歉。
以後如果遇到像您一樣沉浸在悲傷裡的人，我一定不會再說出無禮的玩笑話，而是送上親切的慰問。真的很對不起！
鞠躬

烏龜爺爺靜靜地看著我們。
然後緊緊地擁抱我們。
你們不用感到太抱歉。
多虧了你們，我們一家人才重拾幸福。
你們不是說要去找龍王爺嗎？我會特別為你們打開通往龍宮的大門。
這是我對你們的真心送上的小小回報。那麼，祝你們幸運！
哇啊，謝謝您！
祝您全家幸福快樂！

愉快的對話

道歉時必須遵循的五個步驟！

大家好！剛才我雖然很生氣……
但因為大憲和朋友們的真誠道歉，現在心情好多了。
那麼，就讓我來告訴大家向別人道歉時應該遵循的五個步驟。

1. 承認錯誤
與其盲目地說對不起，不如告訴對方我知道自己做錯了什麼。
就像雲燦說「我想緩和一下氣氛，卻說了不該說的話」一樣，
要詳細地說出自己的過錯，並告訴對方自己正在反省。

2. 感同身受
對於對方因為自己的過錯可能經歷的難堪和心理傷害，要感同身受。
當你說出「你一定很傷心吧？」、「心裡一定很不好過吧？」，
在你發揮同理心的同時，對方的痛苦也會被治癒。

3. 用明確的言語道歉
清楚地說出「對不起」這三個字也很重要。
即使道歉讓你感到羞恥或自尊心受損，也不可以含糊其辭。

4. 說出解決方案
與其簡單地說一句「對不起，我遲到了」，不如說出解決方案，
譬如「我以後不會遲到了」或者「我以後會提早十分鐘起床免得遲到」會更好。
那麼對方就會期待更美好的未來，欣然接受你的心意。

5. 聽完回答
不要自己該說的都說了之後就以為道歉結束，
最好要聽到對方回答「沒關係！」。
一定要聽完對方是因為哪一點感到失落、
現在心情如何等等之後，才結束對話。

如果你做了對不起別人的事情，不要猶豫，現在馬上去道歉。
透過坦誠的對話，會讓你們的關係變得比以前更牢固。

> 不要害怕道歉。

第8章
龍王爺，拜託了！

龍宮入口

這邊！

走吧！

我們很努力地向前游。

終於到達了龍宮入口。

你們好,好久沒有貴客上門了。

小石頭會說話!

請,小心腳下。

軋軋軋 軋軋軋

我們在龍宮裡看不見盡頭的路上

走了又走。

噹～ 噹～ 噹～

龍王爺,可以進去嗎?有客人來了。

忐忑 不安

請他們進來。

哇,是龍王爺!

原來是人類小孩!到那裡坐。

好，你們來找我
有什麼事？
說說看吧。
那個……
放暑假了，與朋友們一起去海邊，結果被捲進了巨大的漩渦中，於是就來到了這裡。
明知道
是無理的要求，
但還是想……
拜託您送
我們回家。
拜託了，
龍王爺！
好想念爸爸媽媽喔～

嗯……
讓我
想一想。
然後，龍王爺就好久都不說話。
坐
下
要等到
什麼時候？
腳好痛……
我決定使用以前在書裡看到的稱讚技巧。
稱讚白皮書

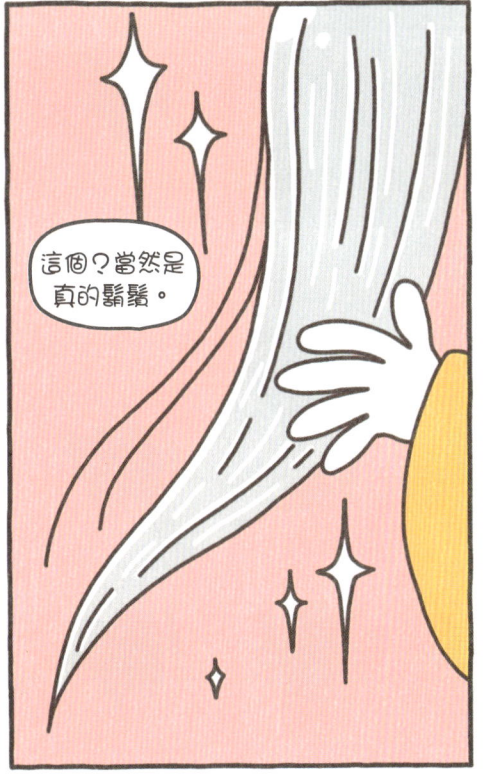

龍王爺，請問您的鞋子在哪裡買的？

鞋子？怎麼了？

太帥了，我也想買一雙。

是嗎？

在洞穴前面一家叫「魚兒棒棒」的鞋店買的。

魚兒棒棒

這個？當然是真的鬍鬚。

謝謝您。那請問您的鬍鬚是貼上去的嗎？

哇，真的嗎？太滑順了，我還以為是貼上去的。

聽我這麼說，龍王爺高興極了。

哈哈哈～真的嗎？

謝謝你這麼看待我，真不好意思。

其實，我看漫畫的時候，還以為龍王爺很可怕。

可是親眼見到之後，才發覺您和這美麗的大海太相配了。

哎唷～真不好意思！
你叫什麼名字？
我叫崔大憲。
最大限
注：「崔大憲」的諧音
我的父母希望我能最大限度地過著精采的生活，所以就給我取了這個名字。
最大限度過著精采的生活……好名字！
我送你回家！
哇～好羨慕！
哇！感謝您！

夥伴們，現在不是
袖手旁觀的時候，
我們也上！
龍王爺！
還有我，還有我！
龍王爺
您長得太帥了。
時尚品味
也很好！
還擁有
華麗的龍宮！
您看起來很明智，個子
也很高！嗓音也很好聽！
髮型也很奇特！

然而，龍王爺看起來心情不是很好。
哼嗯……
你們叫什麼名字？
是不是要送我們回家了！
我叫高拉妮！
我叫千載元。
我叫
奇雲燦。
原來
如此……

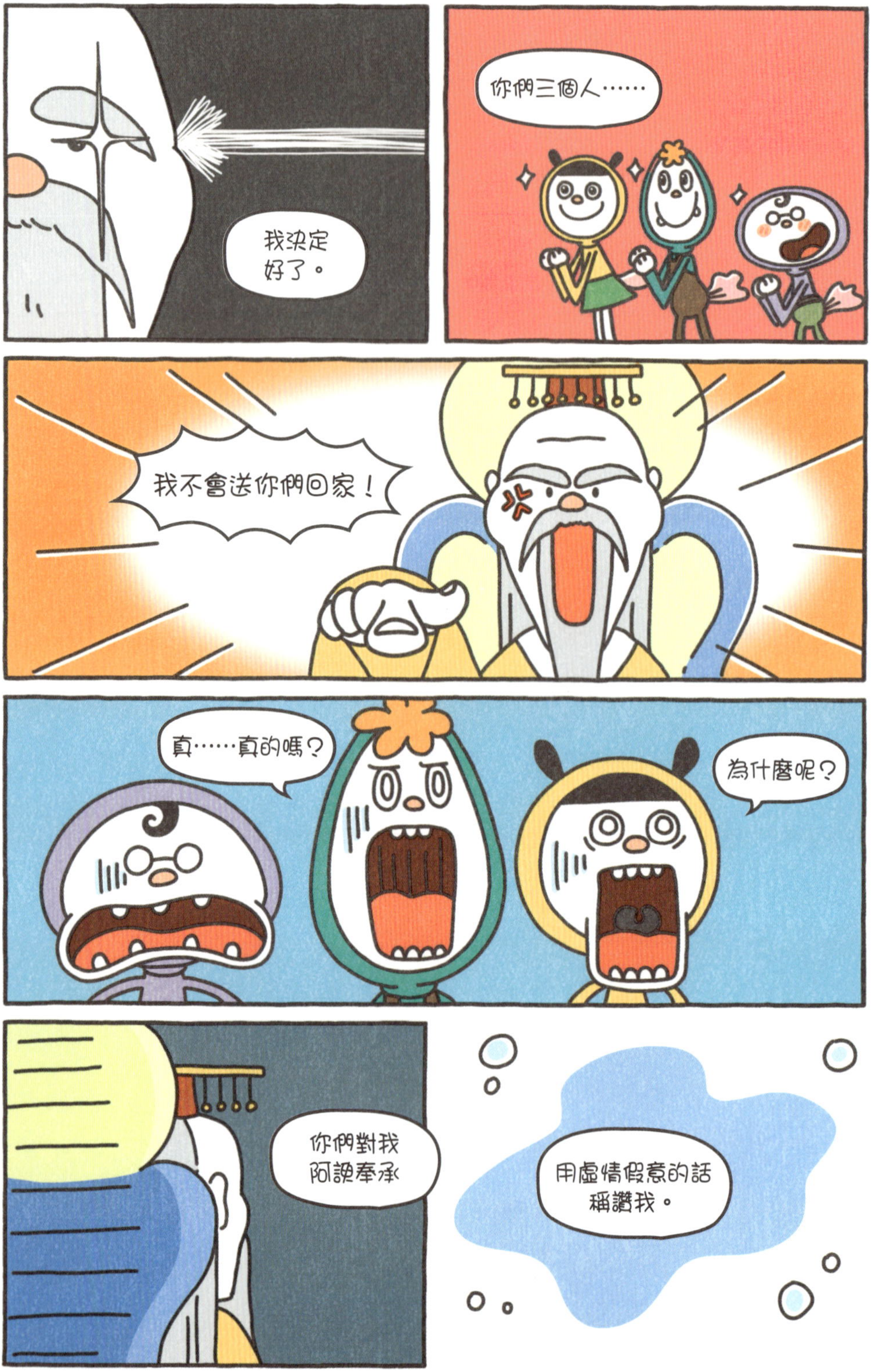
我決定好了。
你們三個人……
我不會送你們回家！
真……真的嗎？
為什麼呢？
你們對我阿諛奉承
用虛情假意的話稱讚我。

話說得再好聽，如果是謊言，也會讓對方感到不愉快！
你好聰明喔～
你什麼意思？！
怎麼辦……
你們到天界去吧！
你們會在那裡再接受一次審判。
不行！龍王爺，求求您！
這一切都是你們的狡猾造成的！不要怪我。

愉快的對話

稱讚可以讓海豚跳舞！

你們……聽過「稱讚可以讓海豚跳舞」這句話嗎？
意思就是，世上沒人不喜歡受到稱讚。
想想看，你烤了餅乾，但背面烤焦的時候，
有人說「怎麼連烤餅乾都不會，要早點從烤箱裡拿出來呀！」
但是，另一個人這麼說：
「哇，你還會烤餅乾呀，真厲害！雖然有點焦，但看起來很好吃的樣子！」。
像這樣一句話就讓對方心情好起來的人，你見過嗎？

這種人會讓周圍的人感到很愉快，
讓他們發現自己意想不到的優點，讓他們擁有新的夢想。

如果不是太大的過錯，與其指責對方，不如找出好的部分鼓勵對方。
或許因為你的一句話，對方會更加努力，創造出美好的結果。

過度的稱讚反而有礙人際關係！

但是，過度的稱讚也會成為問題。
這種情況就譬如為了捧高對方故意阿諛奉承，
而不是發自內心的鼓勵。
說好聽的話語固然是拉近和某個人距離的最好方法，
但要注意，不要過於貶低自己，或說出虛情假意的話。

一個人說的話是真心還是假意，
比想像中更容易被察覺出來喔！

所以，要時常說真心話。
不僅是稱讚的時候，在所有的對話中都必須如此。

> 稱讚要發自真心～

第9章
到天界去！

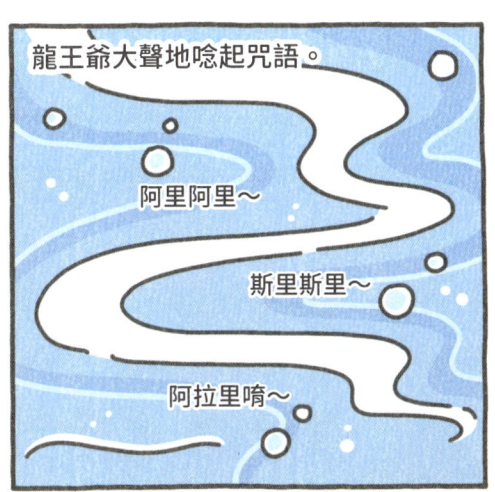

龍王爺大聲地唸起咒語。

阿里阿里～

斯里斯里～

阿拉里唶～

然後我們張開眼睛……

這……這不是天界嗎？！

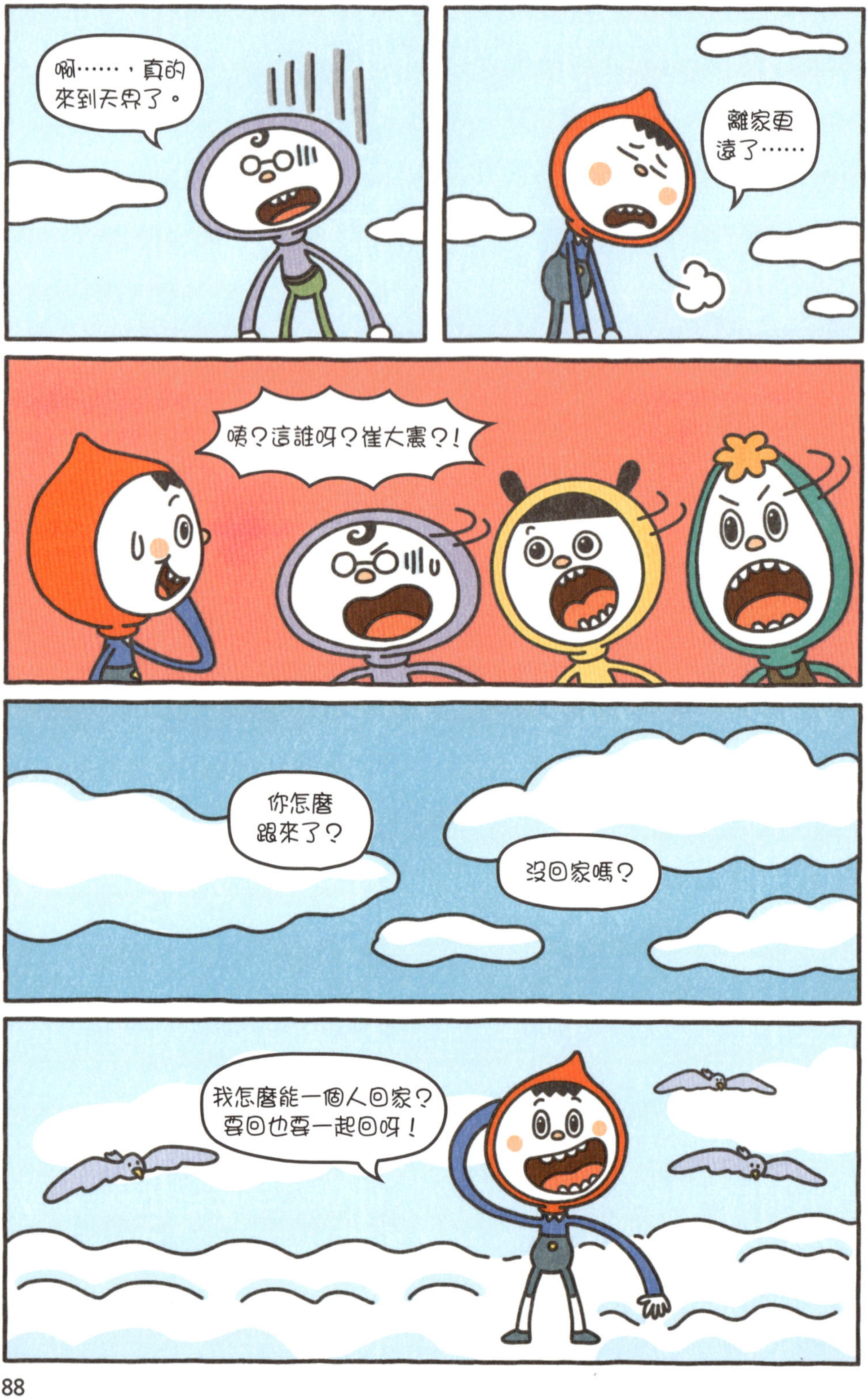
啊……，真的
來到天界了。
離家更
遠了……
咦？這誰呀？崔大震？！
你怎麼
跟來了？
沒回家嗎？
我怎麼能一個人回家？
要回也要一起回呀！

你是為了我
才跟來的吧！
哎唷喂，
還有點義氣嘛！
安靜，安靜！現在
不是吵鬧的時候！
看看拉妮的肩膀。
羽……羽毛？
沒錯，就跟剛才差點變成魚一樣……
如果在這裡待久了……！

也有可能變成鳥……！

簡直跟死沒兩樣。

不行……

這裡一定也像龍宮一樣有一道通往人類世界的大門。

好，我們找找看！

然而，走了老半天一看……

咦……這什麼？

從這裡開始必須使用鴿橋。

鴿橋……？

那裡有鴿子在飛！

過去拜託看看！

哈囉，可以為我們造一座橋嗎？

我們要過去那裡，可是……

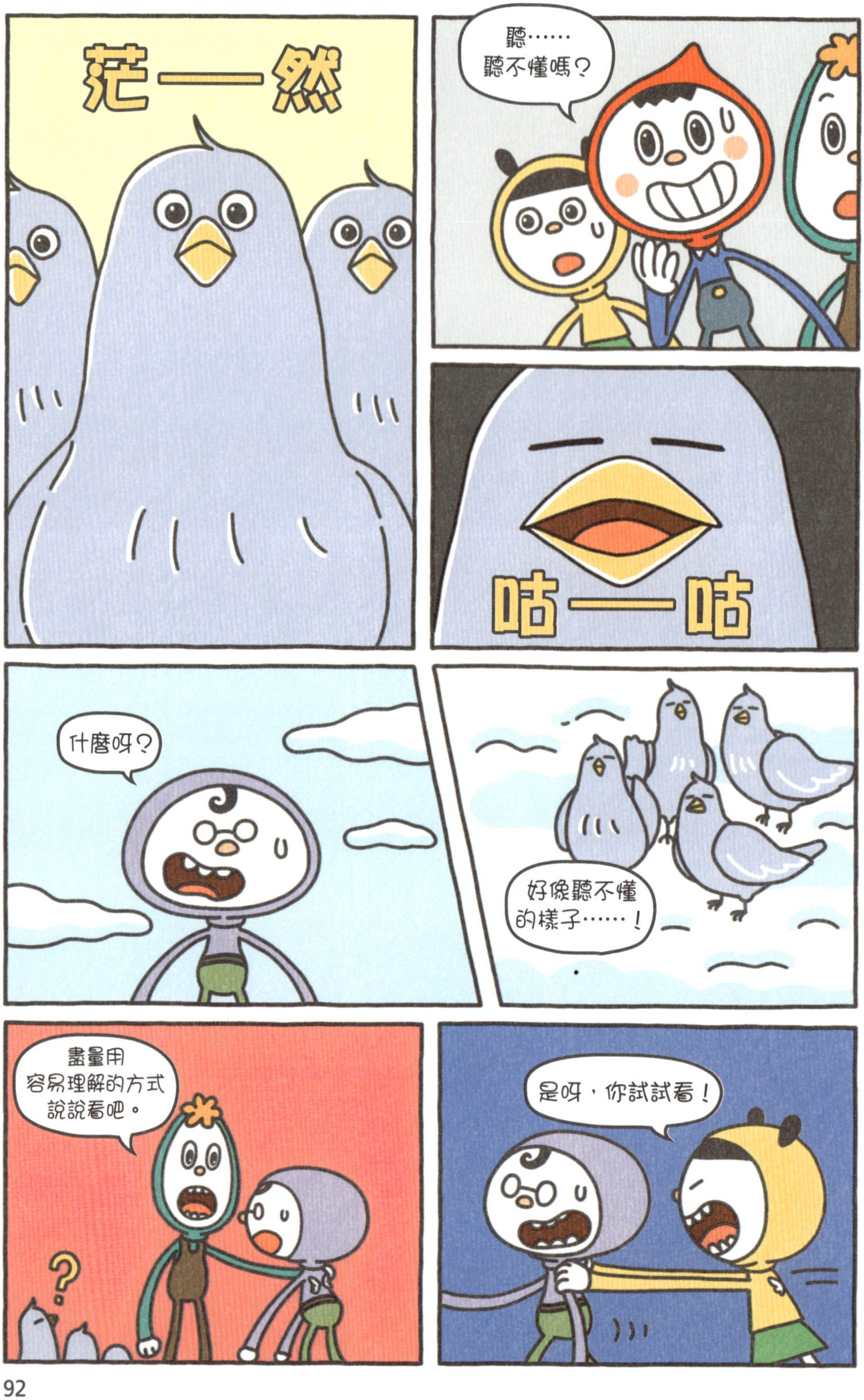
茫—然
聽……
聽不懂嗎？
咕—咕
什麼呀？
好像聽不懂
的樣子……！
盡量用
容易理解的方式
說說看吧。
是呀，你試試看！

大……大家好。
我叫
千載元。
幾天前，我們去海邊
玩的時候被捲入了漩渦。
睜開眼睛一看，竟然是海底世界。
我們艱難地通過重重關卡
才見到了龍王爺。但因為
虛情假意的稱讚，我們回不了家，
反而被送到了這裡。所以……
無論如何我們都要找到回家的門。
可是我們需要一座
可以跨越那天空的橋，
能請你們為我們造一座橋嗎？
簡明扼要
很好！
解釋得
很完美。

嗝兒

咕咕咕咕……

聽不懂嗎？！

．．．．．．．．

說得簡單一點吧。

簡……簡單？

那個，我們從海……從海底世界過來。嗯嘿……想請你們幫……幫忙造一種橋……

哎，我來說！

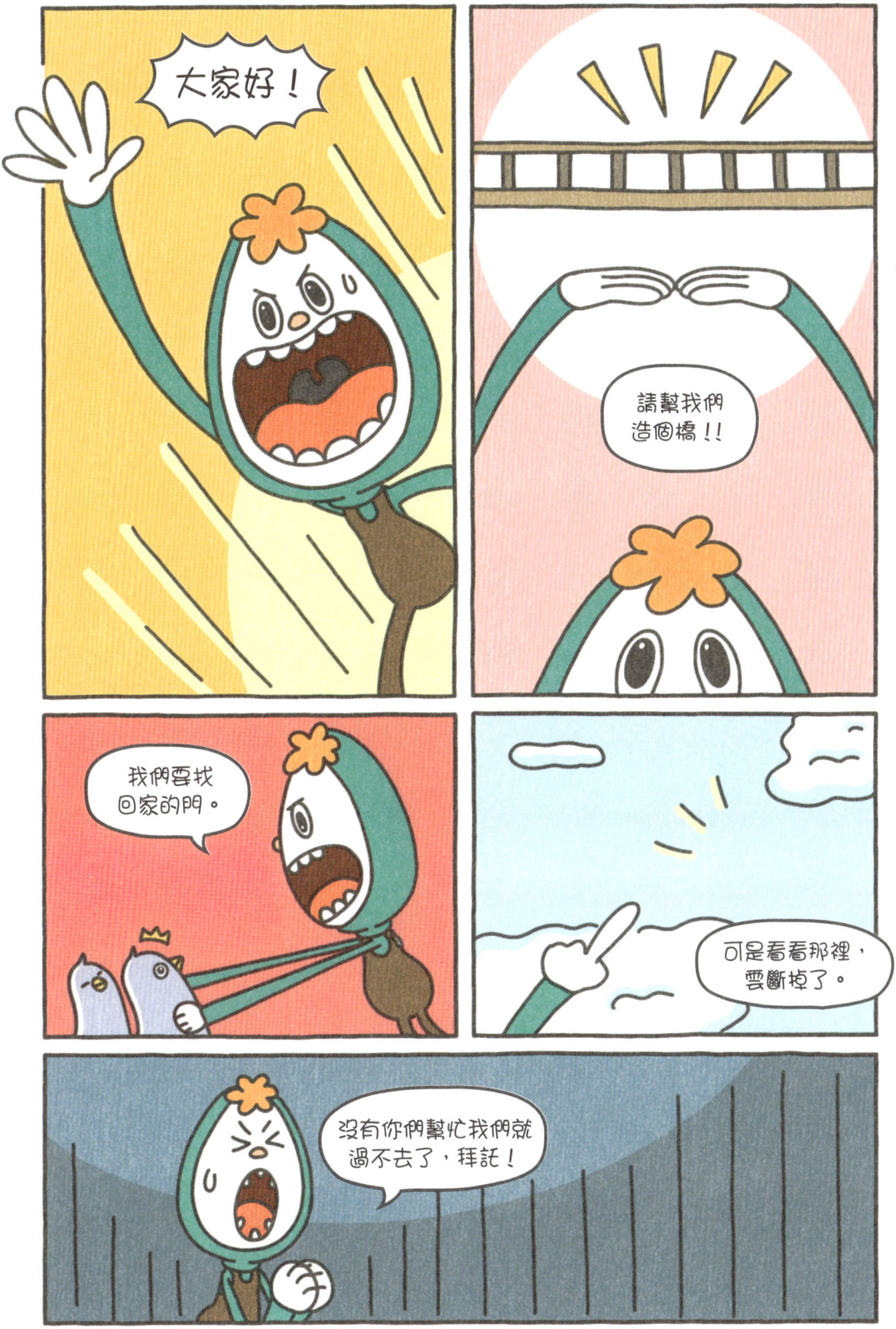
大家好！
請幫我們
造個橋！！
我們要找
回家的門。
可是看看那裡，
雲斷掉了。
沒有你們幫忙我們就
過不去了，拜託！

雲燦話才說完，鴿子們全都飛了過來，

為我們造了一座美麗的鴿橋。

咕咕

咕咕咕

哇啊，鴿子，謝謝你們！

愉快的對話

有邏輯的話語 就像拼圖一樣片片相連！

你好，我是天才兒童——千載元，讓我告訴你怎樣才能像我一樣會說話。
首先，說話要合乎邏輯。那麼，「邏輯」是什麼呢？一定有很多朋友想知道。

簡單地說，邏輯就是「說話合情合理」的意思。

也就是說，說話不要顛三倒四，要按照適當的順序來說。
譬如「我睡著了，所以很累。」和「我很累，所以睡著了。」
這兩句中，一看就知道哪個是合乎邏輯的句子吧？
根據事情發生的過程和前因後果，
以對方容易理解的方式有條不紊地敘述出來，這就是有邏輯的話語。

先從 重點 說起！

可是，有時候就會有人像那些鴿子一樣，我明明說話很有邏輯，
但他們就是無法理解。原因可能很多，不過我想應該是……
話說得太長了，對方抓不住我說話的重點。
所以，這種情況下就可以使用一個很好的小祕訣。

那就是——把你最想說的話先說出來。

「我小時候身體虛弱，時常感冒。每次感冒，祖母就會煮柚子茶給我喝，
那滋味真的很溫暖，所以我喜歡柚子茶。
所以呢……要不要去喝柚子茶？」，雖然也可以這麼敘述，
但也可以把你想說的話先放在前面。
「要不要去喝柚子茶？我真的很喜歡柚子茶。小時候每次感冒，
祖母會煮柚子茶給我喝，我都喝個精光。」
因為人最能記住的總是一開始聽到的話，
所以這是一個傳達你的想法或心意的好方法。

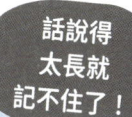

> 話說得太長就記不住了！

第10章
從麻雀村生還！

我們就這樣跨越到天空的另一端，這裡烏雲密布。

謝謝你們帶我們過來！

咕咕
咕咕

走吧！

這次又會有誰？

宙斯？

笨蛋，是上帝吧……。 啪	呃啊！

呵呵呵～抓到了！

竟敢入侵我們麻雀村！	把他們做成烤肉串！

什麼？
這是麻雀？
怎麼這麼大隻？！
麻雀緊緊捆住我們的手腳，
帶我們去了某個地方。
怎麼可以用倒吊的呢！
大王……我們
抓了人類過來。
嗯……
烤來吃吧！

明天在會議上決定。
會議？
沒錯，我們不是說好以後所有事情都用投票決定嗎！
明天早上太陽升起時集合。
麻雀們發著牢騷地回去了。
嘖
怎麼辦？
他們說早上才開會，對吧？

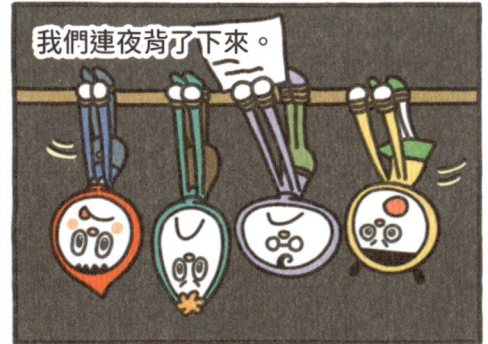

好,那我們練習一下應該就可以了。

練習?什麼練習?

明天他們會討論如何處理我們。

到時候,運氣好的話,我們也會有機會發言。要好好說話,趕緊脫身!

人類也說幾句話⋯⋯

載元倒吊著寫劇本,

我們連夜背了下來。

接著,第二天……

麻雀村開會嘍!

來喔~大家集合!

開會! 嘰嘰 開會!

好,那麼開始吧。

嗯,雀雀先生!

舉翅

我想說說我們應該怎麼處理那些人類。

首先……我覺得應該烤來吃!

呵呵呵 呵呵呵

103

麻雀們一片歡呼。

哇啊～　　　哇啊～

嗯……還有其他的意見嗎？

我覺得應該把他們丟到雲下面去。

因為……這樣很好玩！

麻雀們哄堂大笑。

嘎嘎嘎～　　　嘎嘎～

這真的是你們的意見嗎？	那麼……開始投票！

等……等一下！

我們有話要說！

怒視

什麼話？說吧！

啊……怎麼辦？太緊張了。

該怎麼說呢？怎麼說？！

好！就按照練習的那樣說！

劇本

親愛的麻雀們，大家好。
我是來自人類世界的奇雲燦。
我知道我們……

親愛的麻雀們，大家好。

我是來自人類世界的奇雲燦。

啪

我知道我們的突然到來很不應該，但是……

請你們務必給我們一個機會。

看到那裡，那片天空了嗎？

在那裡……！
啊……忘、忘記了！
在那裡有我們心愛的家人。
背呀！一定要背下來！
好，想起來了！
在那裡有我們心愛的家人！
就像麻雀重視家人一樣，
我們的家人也在……等待寶貴的我們。

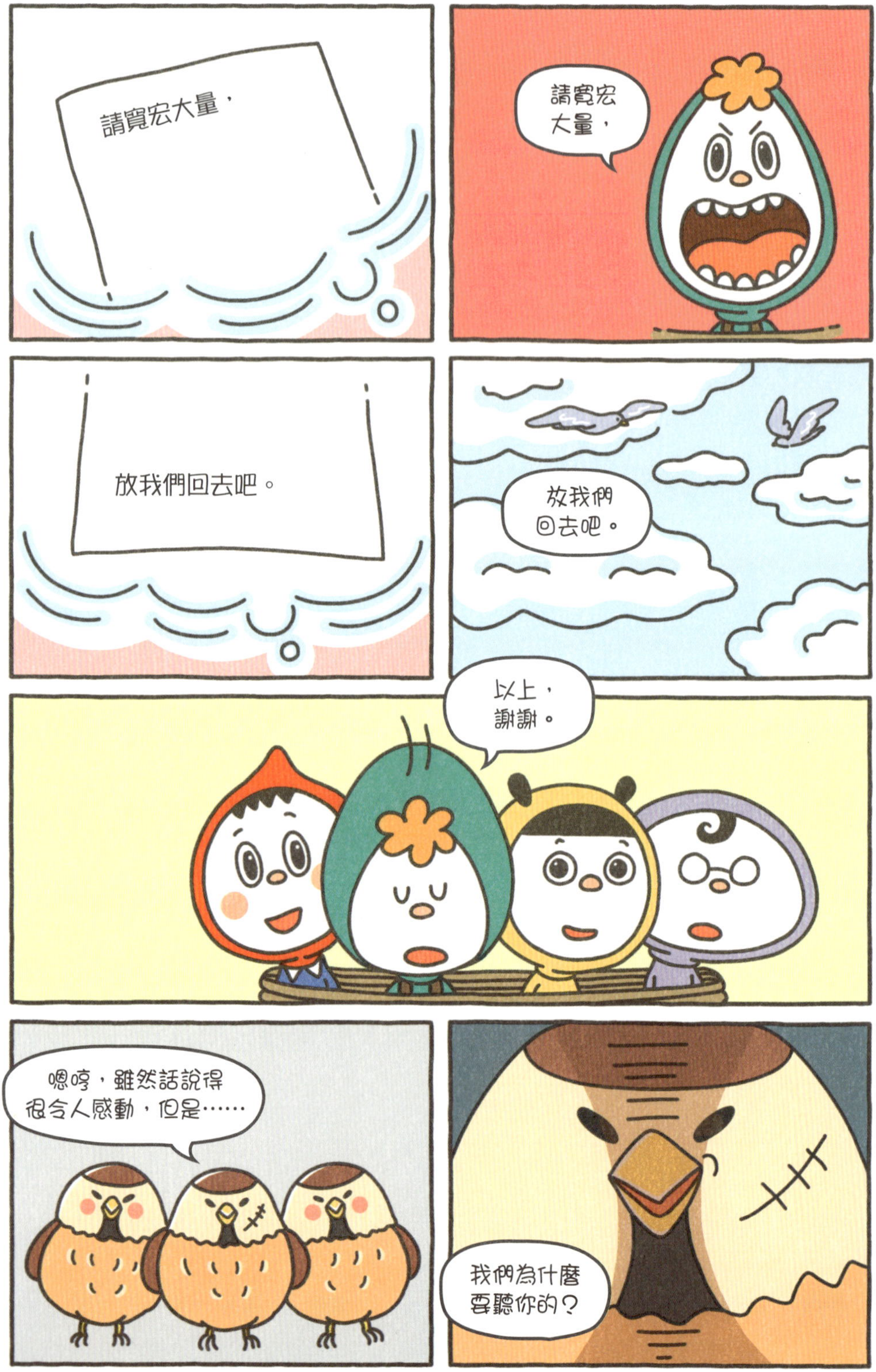
請寬宏大量，
請寬宏
大量，
放我們回去吧。
放我們
回去吧。
以上，
謝謝。
嗯哼，雖然話說得
很令人感動，但是……
我們為什麼
要聽你的？

沒必要啦！
直接投票吧！
哇哈哈
怎麼辦，行不通！
再試著多說一句話也好。
可、可是！
可是……
可是……
怎麼辦？不知道該說什麼才好。
怒視
怒視

| 不要怕，不要怕！ | 就當作是在舒適的教室裡！ |

站起來！

喂，麻雀朋友們！

看看你們現在的樣子。

迫不及待地只想傷害他人，	而不懂得原諒他人！

這麼做可不行喔，朋友們。

你們忘了老祖宗說過的話嗎？絕對不可以用自己的翅膀傷害任何人。

安——靜

而且你，

不顧那些膽小麻雀朋友的反對意見，

就想任意做出決定！

對……
對不起。
沒必要道歉。
只要讓我們通過
這個村莊就行。
我們沒有任何的
過錯，不是嗎？
麻雀們都默不作聲。
…… ……
那……那麼，
現在開
始投票。

「想把人類烤來吃的麻雀,請舉翅!」

. . . .

「沒有嗎?那麼……」

「想把人類送走的麻雀,請舉翅!」

麻雀們全都舉起翅膀來。

哇啊~!　哇哇哇!

我們懷著高興的心情從村子裡脫身而出。

「你怎麼知道麻雀的格言?」

「隨便亂編的~」

愉快的對話

說話也需要**計畫和練習**！

朋友們，大家好！有聽過「計畫是成功的必要元素」這句話吧？
大家或許制定過學習或生活計畫表，卻從來沒有制定過說話計畫吧？
說話也需要計畫和練習，這是比想像中更重要的事情。

當你有重要的話必須對某個人說，或者要發表長篇演說時，
從前一天開始就把要說的話寫下來多讀幾遍看看。

你可以製作腳本背到滾瓜爛熟，甚至也可以像演員一樣練習聲音、手勢和表情。
無論內容是什麼，只要足夠熟悉了，即使像雲燦一樣突然緊張或忘了要說什麼，
也會一下子就想起來，順利地說完。就像跆拳道選手一樣，
因為練習了無數次踢腿，即使突然有強盜出現也能踢出完美的一腳一樣！

利用**獨特的想像力**來消除緊張！

你一定有過即使練了很多遍，一旦面對許多人就說不出話來的經驗吧？
尤其是在眾人面前發表重要演說時，
汗水會不停地冒出來，聲音也不自覺地變得很小。
這種時候呢，最好能像催眠一樣發揮你的想像力！
即使在不自在的場所，看著會讓自己不自在的人，
也要想成是在自己最喜歡的地方，看著自己最喜歡的人。
譬如想著，那個人不是可怕的老師，而是愛我的爸爸，
答非所問的同學是我調皮的弟弟，這裡不是陌生的教室，
是我最喜歡的自己的房間。
當然，這種想像可能一開始很令人不習慣，

但這種泰然處之的想像，會讓你的心平靜下來，
幫助你迅速找回充滿自信的聲音。

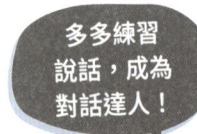

> 多多練習說話，成為對話達人！

第11章
翼龍呀，為我指路吧！

我們再度上路，

哇哈哈～

我果然是天才！
擊敗了麻雀們！

我們興高采烈地走了又走。

哇哈哈哈～

這時！

哎呀！

糞便從天而降！

誰呀！

抬頭一看，那裡有……

是誰把大便……哇！

好多翼龍！

咻咻

咻咻

看那裡！

我們只有在書上或電影裡看過翼龍……

真是太神奇了～

值得去看看,畢竟是恐龍!

上去看看吧。

那裡有雲梯!

我們開始走上階梯。

一定很酷吧?

一定很神祕吧?

好期待喔!

哇啊～還有好多喔～!

可是……吵死了。

這下糟了,要怎麼問路呀……

哇啦

我們要怎麼跟那麼多人,不,翼龍們交談呀?

就在我們煩惱的時候,一隻翼龍映入眼中。

咦?

他看起來很斯文!

哇啦 哇啦

我去問問看!

請……
請問一下。
你知道通往人類世界的大門嗎？
什麼？
我聽不清楚！
通往人類世界
的大門！
人蔘世界？
這裡沒有
人蔘呀？
不是不是，
是人類世界！
因為我們
要回家！
沒錯！

啊～那道門？
你們去問那隻翼龍看看。
那……那邊戴帽子的那位嗎？
對，他有點難伺候，你們小心點。
好，謝謝！
我們隨即走向戴帽子的翼龍，跟他打招呼。
你好！

嗯？幹嘛？
請問……您知道通往人類世界的那道門在哪裡嗎？
啊～
原來你們完全找不到路呀！我當然知道。
哇，謝天謝地！
在哪裡？
我知道是知道……

但我為什麼要
告訴你們？
嗄？！
呆——住
先翻100個跟斗，
我就告訴你們。
翼龍開始欺侮我們。
不然用屁股
寫名字！
或者模仿
猴子！
怎麼辦？
我們走吧！
真討人厭。

接著，我們正想去找其他翼龍時，
咚咚
聽說……
翼龍自古以來就是一種禮儀周到、具有紳士風度的生物。
那頂帽子是怎麼回事？
還有那條圍巾？
誰呀，你？
呵呵……很高興見到你。
我叫千載元，只是一個過客……
…
…

> 我剛才看到你好像在戲弄那些小朋友……

翼龍驚慌失措地說：

> 哈……哈哈。你看到了嗎？

> 我全都看到了，也知道你大概是什麼樣的翼龍。

> 都說從翼龍對待弱者的態度，就能看出這隻翼龍的品性。

翼龍的臉紅了。

> 我不是故意要欺負他們，只是覺得他們很可愛……

原來如此。
翼龍一向以待客親切而聞名……
尤其像你這麼優秀的翼龍更是如此吧？
沒、沒錯！你說的對！
你們可以去那個神殿。
有神在那裡，去了以後好好說清楚。
哇～謝謝！

愉快的對話

在人群裡面 以一個人作為突破口！

小朋友，你們有沒有在陌生人多的地方，
感到手足無措的經驗？
譬如像新生開學典禮當天，
教室裡擠滿了第一次見面的同學們，
除了自己之外，大家都嘰嘰喳喳聊得很開心，所以有點不知所措。
每個人一定都有類似的經驗，可是呢，即使是在陌生的地方，
周圍全都是陌生的人，也不用太害怕或畏首畏尾的。

沒必要和所有的人都很親近，
只要和旁邊的人安靜地交談不就可以了？

不要太在意周圍的情況或氣氛，
試著和旁邊的人聊些瑣碎的話題。這樣慢慢地和一個又一個人說話，
不知不覺間你就會發現自己交了很多朋友。

> 說話要有自信！

如何跟一個 沒禮貌的人 說話！

不管走到哪裡，一定會碰上沒禮貌的人。就是那種亂開玩笑讓人不愉快，
或無緣無故發脾氣，不守規則還厚顏無恥的人。如果這種人說了一些傷害你的話，
最好要明確地告訴他「你對我很沒禮貌」這件事。
因為要把「你說這種話讓我很傷心！」或「這種話聽起來很不舒服！」
說出來，對方才知道自己的錯，不會做出更無禮的行為。
還有，像載元一樣在某種程度上說些好話，也是一種方法。

如果能用溫暖的話語來包容對自己發牢騷的朋友，
對方也可能會覺得不好意思，就不會再做出無禮的行為了。

重要的是，在這麼做的同時，你自己也不會受到傷害。
為了有個愉快的對話，說話時要明確、大膽，偶爾也可以使用溫暖的話語。

第12章
我要去神殿！

我們朝著神殿走去。

這條路比想像中好走。

除了長得看不到盡頭之外……

呼～要走到什麼時候！

看這個，我的羽毛變長了！

像不像天使？

像蟲子的
翅膀吧？
呵呵呵！
哼哼！
走著走著想起了家人。
不過，我爸媽
不知道怎麼樣了？
會不會到現在都還在海邊哭個不停？等著我們回去！
嗚嗚……
我們……
會不會
已經死了？
我擔心得不得了。

注：大家在這裡用韓文玩字尾接龍

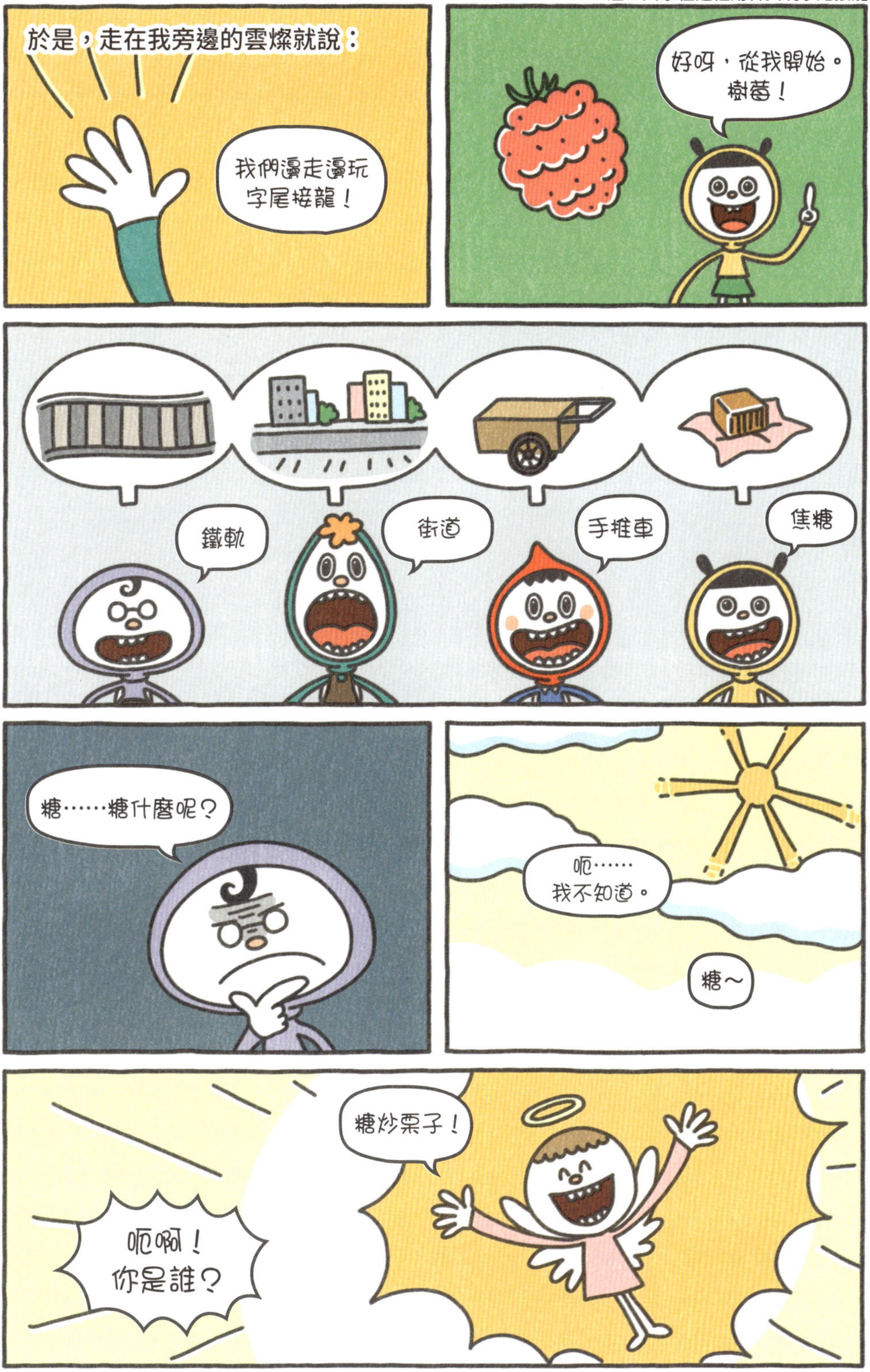

我嗎？我……
只是一個路過
的天使。
天……天使？
嗯。那麼，
我就按照原定
路線通過囉～
我們攔住了天使。
等一下！
天使聽了我們的故事之後，
說了令我們大吃一驚的話。
現在在人類世界
裡，你們……

大概都暈倒在海邊吧。	都過了好幾天了，怎麼辦？
凍死的話怎麼辦？	這裡的一天是人類世界的一個小時……

現在人類世界大概已經是下午五點了吧。

所以，你們得趕在夜幕降臨前找到回去的方法！

天使讓我們坐在他的背上。
唰～
這樣不行，快上來！
把我們帶到了神殿。
我能做的只有這麼多了。
嗨唷！
那麼，祝你們好運！
真的很感謝你！
我們在神殿入口停住了腳步，因為那裡……
有一棵非常巨大的樹！

這次換我上場,我現在對說話很有自信!	拉妮大大方方地走上前去。 大樹呀!
你好,很高興認識你,我叫高拉妮。	我是來見天界裡的神,可以借過一下嗎?
我嗎?	我憑什麼相信妳?

你可以相信我,看看這份生活紀錄簿!
品行端正,誠實可靠。

不然,你也可以跟我好好地聊一聊,那你就會知道我是個好人。

拉妮並不灰心,堂堂正正地說。

嗯……
看起來是個
善良的孩子，
可是……
你們四個全都是
善良的孩子嗎？
你可以
相信我們，
真的。
大樹舉起長長的樹枝讓開了路。
OK。
唰唰
謝謝啦！
怎麼疑心病
那麼重？
他自己看起來脾氣
更不好的樣子。

還有~你看到他笑的樣子了嗎?

還以為是鬼怪呢!

嘿嘿嘿

果然!和我想的一樣。

悄悄地

崔大憲,奇雲燦……

竟敢侮辱我,等著瞧……!

愉快的對話

說話要**有自信**、發音**要正確**！

嘿，就是你！即使遇見像我這麼可怕的生物，
也能有條不紊地把話說清楚嗎？
如果不能的話，那就從今天開始練習有自信地說話吧。
對於一個人來說，聲音也如同性格、外表、衣著或職業一樣，是非常重要的。
如果你無論到哪裡，說話都不會扭扭捏捏，

可以用充滿自信的聲音，明確表達自己想法的話，
這一點就會讓許多人看好你了。

相反地，說話總是缺乏自信的人，就很難給人留下好印象。
無論是放鬆臉上肌肉練習發音，還是大聲朗讀書籍，
好好下定決心，練習自信地說話吧！

即使是路過的螞蟻也**不要任意批評**！

背後說人壞話是你在生活中絕對不應該做的事情之一。
因為話語會傳來傳去，如果你說了哪個人的壞話，
這些話很有可能在哪一天就傳進了那個人的耳裡。
那不就糟糕了嗎？
而且，即使情況不至於如此，但在背後說人閒話也會讓人皺眉頭。

也就是說，如果你經常說別人的壞話，
只會讓自己的形象變得更差。
所以，如果有人讓你傷心難過，
不要對別人說他的壞話，直接跟那個人談談吧！

當你的朋友們聚在一起偷偷說別人的閒話時，
你一定要忍著什麼話都別說！
答應我，絕對不在背後說任何人的壞話！

> 話語會
> 口口相傳喔～

第13章
宙斯大人，該起床了！

大樹一直觀望著大憲和朋友們的情況。

竟然說我像鬼怪……？！

長這樣我有多難過，你們知道嗎？

握緊

你們根本什麼都不知道！太過分了！

有人說他是鬼～

有人說他是壞蛋～

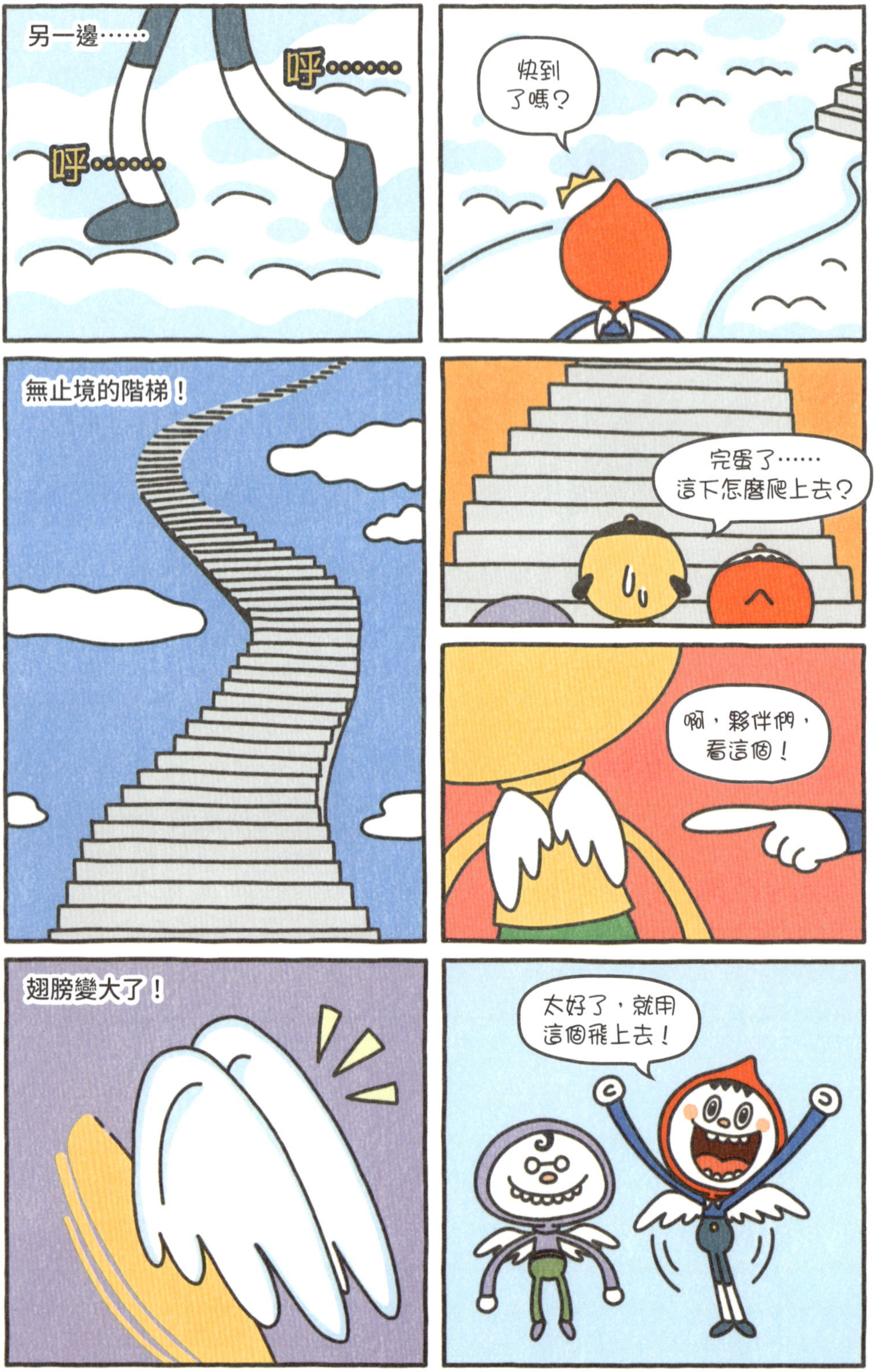
另一邊……
呼……
呼……
快到了嗎？
無止境的階梯！
完蛋了……這下怎麼爬上去？
啊，夥伴們，看這個！
翅膀變大了！
太好了，就用這個飛上去！

我們朝著神殿頂端飛了上去。

喔耶～

好好玩！

然而，那裡一個人都沒有。

怎麼空蕩蕩的？

等一下看看。

不過，真的很漂亮。

真的耶！看那些雕像。

這時，一座雕像動了起來。

哇～是宙斯！

現身！

唰～

誰這麼吵吵鬧鬧的？

原來是一群小不點。你們怎麼跑到這裡來了？

宙斯像太陽一樣光芒耀眼。

這麼耀眼的光是什麼？

閃一亮

眼睛睜不開了！

我緊緊地閉上眼睛說。 我們掉進大海迷了路才來到了這裡的。	請送我們回家！
但宙斯沒有回答。	於是拉妮上前說。 父母和朋友們都在等待我們。
載元也走上前來。 是的，大家都很擔心我們。	雲燦也不落人後。 熱飯和熱湯也在等待我。 好餓喔……

求求您送我們回家吧！

怎麼回事？為什麼都沒聽到回答？
宙斯又變成了雕像。
剛才明明在動……
怎麼辦？
安靜
我們開始趴在地上祈禱。
求求您～
求求您～
然而，過了好久還是什麼事情都沒發生。
哎唷……
腳好痛。
到底怎麼回事？
為什麼變成了石頭？

我們開始絞盡腦汁想辦法。

那不然要怎樣？

趴著祈求沒有用。

妳覺得這樣趴著說話有什麼問題？

嗯……

什麼都看不見。

沒錯，就是這個。

不要趴在地上面對黑暗的地方說話，要看著宙斯大人的臉說。

我們看著宙斯的臉說話。

宙斯大人，宙斯大人。
請傾聽我們的願望！

請您送我們回去溫暖的家！

啪滋
啪滋

啪滋滋滋

宙斯活過來了！

你們召喚了我嗎？

宙斯看著我們的眼睛說。
真是一群
勇敢的小不點。
你們全都
雙眼發亮！
看你們的表情，我可以
感受你們的迫切之心。
要送你們
回家也不難。
張一開
來，爬上來吧！
我們興高采烈地想爬上宙斯的手掌。
感謝您！
就在這時，不知從哪裡傳來熟悉的聲音……！
宙斯大人，千萬不要
幫助這群孩子……！

愉快的對話

沒有**眼神交流**，就無法開啟對話！

小不點，你們和朋友說話時，是否習慣看著朋友的眼睛？
這種人大概不多吧。
但是，對話時看著對方的眼睛是非常重要的。

不看對方的眼睛，閃躲對方視線的行為，
會讓你看起來很沒有自信，
也會讓你的話難以傳達給對方。

一開始或許會覺得尷尬和害羞，
但還是要慢慢練習和對方眼神相對。
當你看著對方眼睛和他交談的那一刻，
對方就會更用心地傾聽你說話。
不過也不要因此就把眼睛瞪得太大！

臉上要帶著溫柔的笑容，
偶爾睜大眼睛，表達共鳴！知道了嗎？

眼睛是靈魂之窗，這話一定要牢牢記住！

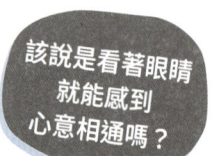

> 該說是看著眼睛就能感到心意相通嗎？

第14章
再次見到會說話的樹！

對著宙斯大喊的是會說話的樹。

快步 快步

你說什麼？我們那裡壞了？

宙斯大人，不可以幫助這群孩子。這些孩子實在是一群壞孩子！

大樹在宙斯面前跪了下來。

請您聽我說，剛才我在神殿入口遇見了這群孩子。
他們在我面前說好話拜託我讓路。
可是，當我讓開路，他們如願以償之後，馬上就說我的壞話！
大樹哽咽地說。
說我長得像鬼怪，脾氣不太好的樣子。
還說我笑起來很難看！

宙斯聽了這話勃然大怒。
你們竟敢對我善良的僕人做出這種無禮的事來？
大樹，你說要怎麼處置這些傢伙？
請把他們送到恐怖的地獄去！
有著沸騰的岩漿，
和殘忍惡魔的地方！
宙斯正打算將我們送往地獄。
哇嗚……！
就在這時！
宙斯大人，請等一下！

是天使!

請稍微等一下!

天使阻止宙斯。

宙斯大人,請看這個!

奧林匹亞法第二條第一款

實施懲罰前一定要先聽聽罪犯的話。

什麼呀?這小東西!

這些孩子我也遇見過。

雖然只是短暫的時間,但可以感覺到他們的善良心性。
真的很感謝你!!

天使,再見!

當然，他們罵大樹是很大的過錯。

但是根據法律……

您不覺得也應該聽聽孩子們的話嗎？

宙斯點點頭。

隨便哪一個……來這裡把話說清楚。

我慢慢地站起來。

我來說吧。

151

首先，大樹先生，我很抱歉無禮的言語傷害了您的心。
您甚至還為我們指了路……。因此，即使我有十張嘴也無話可說。
但是，我有句話一定要對兩位說。
那就是……！
我們之中任何一個人都不記得罵過大樹先生。
你的意思是我說謊？！
不是的，大樹先生說的當然是實話。

但是……我們不記得那件事也是真的……！

轟隆

這話什麼意思？你在耍我嗎？

這時，

正如您所看到的……

載元走上前來。

我們的背上長出了翅膀。

張 開

意思就是，我們原本都是人類，但慢慢地變成了鳥。

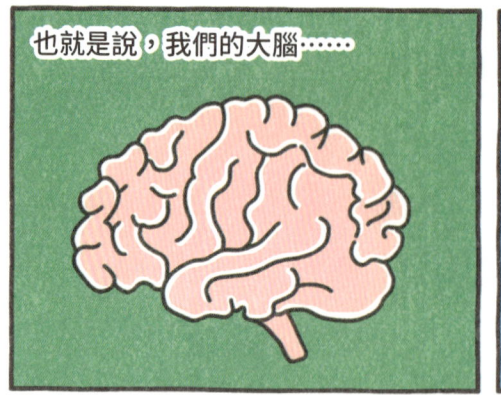

也就是說，我們的大腦⋯⋯

已經從人類變成了鳥的大腦⋯⋯！

這次換雲燦上前。

我甚至時常忘記自己的名字。

拉妮也加入其中。

我也不記得自己的長相⋯⋯！

請看，宙斯大人！這就是我們現在的處境。

我們已經不是人類，變成了遊蕩在天界的鳥，說著我們也不知道的瞎話！還有辱罵別人！

我們不是故意要那麼做的。
請您了解我們的真心。
宙斯和大樹沉默了好一陣子。
嗯……
我明白了你們的苦衷。
不就是精神錯亂嗎？
轟隆
我可以理解你們的心情，但是……
重要的不是我，而是這邊的這棵樹。

宙斯問大樹。

大樹，說說你的意見。

大樹注視著我們好一會兒，

才這麼說。

坦白說，我聽到那些話非常生氣，但也理解這些孩子的心情。

在家門外遊蕩了那麼久……

髒兮兮

髒兮兮

大概沒能吃上什麼東西，也沒能好好躺下來睡覺。

聽了大樹的話，我們都淚流滿面。

嗚……

嗚……

我從小就
經常受到嘲笑，
所以很清楚那些取笑他人、
憎恨他人的人的臉孔。
會說話的
醜樹！
哈哈！
眉毛上揚，嘴角歪斜。
但是剛才這些
孩子們的臉孔
就像鳥
一樣茫然。
這些孩子真的
不記得了。您就
放他們走吧……

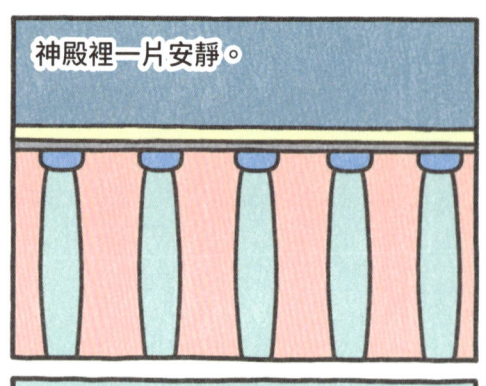

神殿裡一片安靜。

只有孩子們的哭聲。

可憐的靈魂，你們怎麼就來到了這裡呢？

我會送你們回人類世界的，現在先去溫暖的地方好好休息吧。

宙斯一舉起手，便出現雷電交加。

轟隆隆

轟隆

愉快的 對話

用**模稜兩可的話**打開話匣子！

各位，到目前為止，我們學習了有關如何使對方理解的對話法。
但有時候聽不太懂，也就是模稜兩可的話，
會比容易理解的話更能抓住人心！
大憲在前面說過：「我們罵人是事實，但我們不記得罵過人也是真的。」

這話說不通吧？像這樣前後矛盾的說法稱為「悖論」。

譬如像「我很悲傷，但我並不難過。」這句話，
或者「無聲的吶喊」、「活著也跟死了一樣」之類的表達方式。
這種前後矛盾的表達方式會引起我們的好奇心。
當你需要別人的關注時，可以嘗試用這種模稜兩可的表達方式打開話匣子。
那麼大家都會豎起耳朵，聽你說話的！

通往理解，而不是誤解的對話！

還記得剛才大樹對大憲和他的朋友們說過的話嗎？
大樹雖然受到孩子們的傷害，但還是理解孩子們的處境，原諒了他們。
而且還用溫暖的話語撫慰孩子們的心。
各位在生活中也會經歷許多事情。
有人會惹你勃然大怒，或者讓你傷心難過。
然而這種時候，以怨報怨固然可以，
但反過來透過理解對方和原諒對方，也可以治癒你的傷痛。
就像我們的帥氣大樹一樣！
所以偶爾也試著用寬容的心來包容別人的過錯，好嗎？

那個人一定會更加深刻地反省自己的過錯，
這麼做也會給大家帶來溫暖的幸福。

對話的力量真的很神奇！

第15章
教訓傲慢無禮的猴子！

黑漆漆～

嗯？這是哪裡？

安靜……

眨眼

眨眼

是……是大地！

猛然

我們高興得互相擁抱。

終於回來了!

哇啊~

可是……

可是……這裡是哪裡?

我們掉到了森林裡嗎?!

唉真是的~怎麼不直接送我們回家!

為了尋找離開森林的路，我們走了又走。

然而……

不覺得我們總在同一個地方打轉嗎？

就是嘛。那蘑菇！

那花！

都是剛才看到過的！

唔吱吱 吱吱 這時，一群猴子經過。	哇，真多！
	咦？
轉頭 是猴子！ 你們在這裡做什麼？	嗄？我們只是……
嘿咻　沙沙　這裡是我們猴子的地盤，請出去。	

啊，好的……。剛好我們也在尋找出去的方法。
請問你知不知道安全走下去的路？
我為什麼要告訴你們？
這猴子還真傲慢……
哈囉～咕咕！
地掃乾淨了沒？需要幫忙的話就說一聲！
什麼嘛？沒事少囉嗦。
嗒
還以為猴子在打掃……
沙沙～
沙沙～

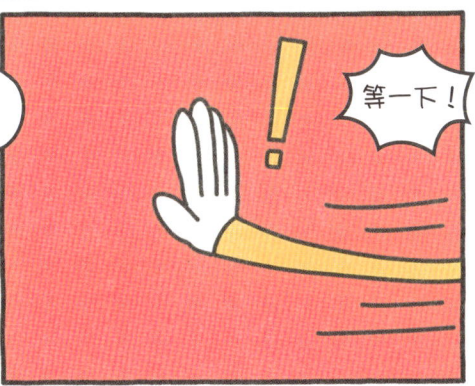

| 拋! | 沒想到反而把垃圾撒了滿地! |

還把花草都連根拔起,

鳥巢也被丟在了地上。

真的太壞了! 啦啦啦~

我們走吧。 嗯,去問別的猴子。 等一下!

拉妮看著雛鳥說。

嘰嘰……

看看這些可憐的小鳥,牠們失去了家園呀!

你們就坐視不管嗎?我得教訓教訓他!

喂,你!

拉妮對猴子說。

你為什麼丟鳥巢?

你難道不覺得對不起雛鳥嗎?

怎樣?我為什麼要覺得對不起?

小鳥們因為你失去了家園！

太可憐了！

摳鼻孔

所以怎樣？

一點也不可憐！

你說什麼？

拉妮大吼大叫了老半天，猴子還是不為所動。

你給我再做一個鳥巢！

不要，你去叫他們做。

這樣不行，我也得站出來了！
你……
力氣大、又可以靈活使用雙手，所以很有自信吧。
想一想，假如你是這些鳥，
有人用夾子把你的家夾起來，
拋到半空中。
甚至不為任何理由，就像你一樣只是覺得好玩……！

想像一下，如果你一夜之間失去了溫暖的被窩，

失去了和家人們的珍貴回憶，

那你的心情會怎樣？

聽了我的話，猴子想了一下，

然後低下頭來。

怎……怎麼在哭？

嗚嗚……

你還好嗎？
還好。突然
想起了媽媽。
對不起，鳥巢的事
是我不對。
猴子修理好弄壞的鳥巢，
我會負責
放回去。
又重新放回樹上。
跳躍
哇啊！

謝天謝地!

看他心情變好的樣子,再問路一次看看?

那個,小猴子!

請問你知道走到人類村莊的路嗎?

猴子聽了我們的話爬下樹來。

嗯,我帶你們去。

猴子走在前面為我們指路。

小心腳下。

嗯!

171

然後，我們走到了一條安靜的小路上。

順著這條路一直走下去就可以了。

太感謝了！

再見！

然而，猴子攔住了我們。

等一下！

你們……可以不要回家，和我住在這裡嗎？

說什麼話呀？當然不可以。

我們是人類，你是猴子呀！

小猴子開始耍賴。

就算這樣，也和我一起生活吧！

不行，那是不可能的。

聽到我們斬釘截鐵的回答，猴子的臉紅了起來。

開始哭了起來。

可是⋯⋯，我需要媽媽啦。

我要你們當我的媽媽！

哇啊啊～

怎麼辦？

	然而,載元想了想……
我們走吧!	

揉了一團泥土, 揉	插上樹枝, 啪

插上石頭, 啪	連香菇也插上去, 啪

做了一個娃娃!

來，這個給你。
這是我想像你母親的樣子做成的娃娃。
外表看起來雖然不完美，
但裡面包含了滿滿的母愛。
小猴子接過娃娃，笑了起來。
謝謝，我真的太寂寞了……
多虧了你們，我才感到一點快樂。
小猴子放走了我們，揮了揮手。
我會和這娃娃一起生活。路上小心。
謝謝你，朋友！
要幸福地生活喔！

愉快的對話

換個立場 想一想！

朋友們，你們聽過「易地而處」這個詞嗎？
「易地而處」是一個四字成語，就是「站在別人的立場去思考」的意思。

當你難以理解一個人的時候，
如果能站在這個人的立場去思考的話，就會更容易理解他。

假設有個人跑下樓梯時撞到你。
你的肩膀一定被撞得很痛，你也很不高興吧？但是在這瞬間，你想的是──
「他大概是有非常要緊的事情才會跑得這麼急吧？」
「那個人在趕時間突然撞到別人，自己一定也很慌亂吧？」
如果能像這樣思考對方的立場，就會擁有更寬容的心。
你們也可以在日常生活中嘗試使用「易地而處」的心態。
那麼就可以更深刻地理解對方的痛苦，進行真心相待的對話！

先拒絕，再提出替代方案！

要拒絕朋友或家人的請託，很難吧？當有人向我請求幫助，
卻必須拒絕的時候，一定會感到抱歉和尷尬。
但是有一個好方法可以運用在這種拒絕的對話裡！那就是提出替代方法。
所以拒絕對方的時候，不需要無條件說「不行！」，

而是用「不行，但你看這樣可以嗎？」，
告訴對方另一種選擇。

這個回答一定會讓你和朋友都滿意。
朋友很高興有了新的選擇，你也不會因此心情沉重！
如何？遇到必須拒絕別人的要求時，就用這方法看看。
你得到你想要的東西，也給了對方想要的東西，
這才是讓所有人都很快樂的高手對話方式吧？

> 遭到拒絕時讓我好傷心！

第16章
與孤僻的鼴鼠和解！

哇～這裡真奇妙。

就是呀，各種昆蟲都有！

我們一面看著風景一面愉快地走著。

然而……肚子好餓。

咕嚕咕嚕

咦?從哪裡傳來好香的味道?	好像是那裡?
我們追著傳出香味的地方而去,	在那裡……
有一個鼴鼠村! 哎呀!	好大的鼴鼠…… 我過去看能不能討一口來吃。

我們走近鼴鼠， 那個，對不起打擾你們吃飯。	因為我們肚子太餓了，所以

可以分我們一口飯吃嗎？

鼴鼠們連理都不理繼續吃飯。

雲燦也說了一句， 不好意思，我們真～的、真的很餓。	拉妮也加了一句， 已經好幾天沒吃東西了！

179

雖然我們一起說！
肚子快餓死了～！
嚼嚼嚼……
行不通耶……
大概是因為他們不知道我們有多餓吧。
那就試著精確表達我們的飢餓吧！
我們開始一面畫圖一面討論。

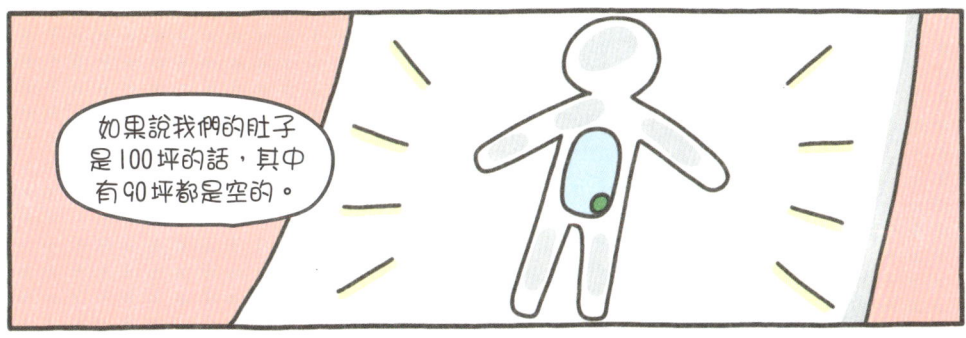

很好!

我們再一次走近鼴鼠。

名位!請看一下這張圖。

唰啦啦

如果說我們的肚子是100坪的話,其中有90坪都是空的。

太餓了,連肋骨都像這樣突出來了!

我們試著盡可能詳細地解釋。

以前因為弄丟便當，所以中午沒有飯吃。現在比那時候還要餓100倍，不，200倍！

我太餓了，餓到連土都想撿起來吃！

聽了我們的話，鼴鼠慢慢地轉過頭來，

送上了食物。

謝謝！

我們開始狼吞虎嚥地吃了起來。

終於活了過來！

太好吃了～

大家都吃到肚子快撐破了，	正要重新上路的時候……！ 謝謝招待！
等一下！	嗄？ 怎麼了？

給錢。

錢……錢嗎？
我們沒有錢呀？

你們拿走了飯！

鼴鼠憤怒地把我們圍了起來。
給錢！
錢！
我們也因為委屈大喊大叫。
還以為是
免費給我們的。
你們應該
事先說明呀！
結果雙方一觸即發。
放肆的東西！
人類怎麼這麼
不知羞恥呀？
鼴鼠趕走我們。
你們走吧！
但我們無法就這樣走掉……！
我們就這樣
走掉的話，他們會
討厭人類吧？

無論如何都要跟他們談一談。
嘿，鼴鼠們。
你們什麼話都沒說就給了我們食物，是你們先這麼做的……都是因為你們，事情才會變成這個樣子！
你們～？！
鼴鼠生氣了。
妳現在是在怪我們嗎？
不……不是的，我們是想跟你們和解……
想和解妳怎麼還一直怪別人！

這次雲燦站出來說。
不是因為各位。
大概是我們肚子餓太心急了。對不起！
但是你們不分青紅皂白就生氣，我們也很不知所措。我們都很疲憊了。
可是，我們還是想和森林裡的所有生物和睦相處……
我們也都很心痛……
不過，你們給我們食物，我們還是想說聲謝謝。

呼……
原來你們是這麼想的……
我們不知道你們有這樣的想法，早知道就多給你們一點食物了……。
謝謝你坦白說出你們的心情。
握緊
鼴鼠們為我們指路，
我們也很抱歉。
告訴我們通往人類村莊的道路。
沿著這條捷徑就能早一點到家。
謝謝！
我們不會忘記你們的恩惠。

愉快的對話

盡量**詳細地敘述**！

各位，你們知道「彎月」這首歌嗎？
這是我最喜歡的一首歌，歌詞是這樣開始的——
「藍天銀河白舟上，有一棵桂樹、一隻兔子。」
這裡的「白舟」就是指模樣像白色獨木舟的彎月。
這是描述在明亮的月亮上有樹、有兔子的一首歌。非常美吧？
如果只說「明亮彎月」的話，一定不會這麼感人。
因為盡可能詳細地描述，讓景象彷彿就在眼前，所以才更觸動人心。

各位在對話時，也可以使用像這樣生動的表達方式。

就像大憲和朋友們用數字表達飢餓一樣、就像用白色獨木舟比喻彎月一樣！
將腦子裡的東西轉換成具體有趣的表達方式，
那你說的話一定會一字不漏地鑽進對方耳中。

說話時**多用「我」**，少用「你」！

這是當你和別人吵架之後想和解時，
或者要講述之前累積下來的委屈時，一定要記住的對話法！
那就是說話時多用「我」的對話方式。
不要總說「是你先那樣的。」、「都怪你啦！」、
「要不是因為你！」的話怪罪對方，
而是要用「我那時很難過。」、「我想要的是……」、
「我是這麼想的！」這種說法，

以自己的想法和心情為重點來敘述。

這樣對方才會更清楚地理解你的立場，
也更容易找到兩人之間的問題點。

> 在對話中表達自我也是很重要的！

第17章
搭公車！

沿著那條路走下去。

沒多久就看到我們家那一帶的景物了。

我家在那裡！

哇啊～終於！

現在再多走一點就可以看到爸爸媽媽了吧？
我都快哭了！
我們帶著激動的心情跑了起來。
等等我！
快快快～
啊！
要跌……跌下去了！
唉唷～
跌成一團
砰

唉唷，
我的頭……
奇雲燦！我不是
叫你要小心點！
嘿嘿……
夥……夥伴們，
等一下！
是公車站！
怎麼了？
BUS
我們高興得抱在一起。
得救了！
啊啊～搭這個
就能回去囉！

可是我們等了十分鐘，三十分鐘，

一個小時……公車都沒有來。

什麼時候會來？ 不知道……

照這樣下去不行！我們用走的吧！

幹嘛走？再多等一下看看。

再這樣下去說不定天就黑了！

那我們等了這麼久，不就白等了！

拉妮和雲燦吵了起來。 死什麼死呀！	那你打算餓死在這裡嗎？
又開始了……	啊，那是什麼？
爬呀爬呀……	是蝸牛耶。
爬得還挺認真的…… 有事？	會說、說、說話？ 呃啊！

這座森林裡的動物都會說話，有什麼好驚訝的。
想一想好像是這樣……
哈哈
這麼認真要爬去哪裡？需要我幫忙嗎？
不用了，反正我獨自生活在這個世界上。
蝸牛頭也不回地爬走了。
不、不好意思，那您能幫幫我們嗎？

我和這些朋友一起掉進了大海裡，然後去了天界，最後才來到了這座森林。
還以為現在總算快到家了……
可是我們走了又走，卻一直走不出去。
大家都因精疲力盡吵了起來！
都怪你！
都怪你！
失去了希望！放棄了一切！
當夜幕降臨時，我們就真的完蛋了。
請您一定要幫助我們……

我們全都低下頭。
拜託了！
請幫助我們……
蝸牛凝視著我們好久，
然後這麼說。
唉，真是的……
一群疲累的小孩子。
雖然我要走的路還很遠，
那也沒辦法了……
慢慢拉長

蝸牛變得愈來愈大，

唰啦啦啦

變成了一輛公車！

這怎麼可能！

趁還來得及趕緊上車！到了晚上森林說不定會關閉！

我們趕緊上了公車。

是，謝謝您！

居然會有一輛穿越森林的公車！

真的好酷……

好漂亮。

197

蝸牛載著我們安全地向前奔馳，
然後在某個地方讓我們下了車。
吱咿
終於到了最後關頭。
你們會做得跟之前一樣好，對吧？
祝你們好運！
蝸牛閃著燈離開了。
太感謝您了～
而我們下車的地方……
咦？
夥伴們，看這個！

這是在海底世界見過的石碑!

只有能夠真誠
對話的人才能
離開這個世界。

所以要親近他們、
教導他們、
治癒他們的傷口。

那麼一道巨大的門
就會開啟……！

真誠對話……

親近他們，

教導他們，

治癒他們的傷口？

199

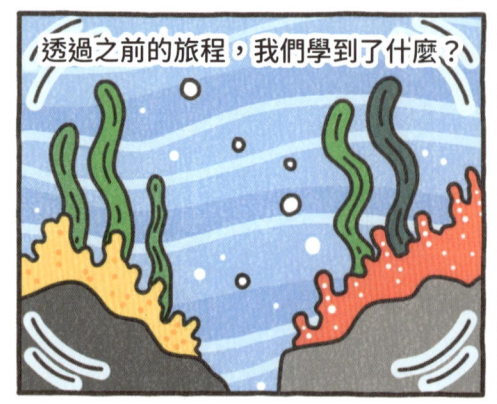

這些不都是我們到目前為止一直在做的事情嗎？

一路上我們真的遇見了很多朋友。

透過之前的旅程，我們學到了什麼？

那就是……

開啟心靈之門的鑰匙就是對話!

是的!

如果我們沒有掉進海裡,就不會這麼吃苦受罪。

但是,如果是那樣的話,也就不會知道對話是那麼地寶貴。

為了表達內心的想法，

為了親近他們，

為了治癒傷痛，

為了相親相愛一起生活！

我們應該時常對話！

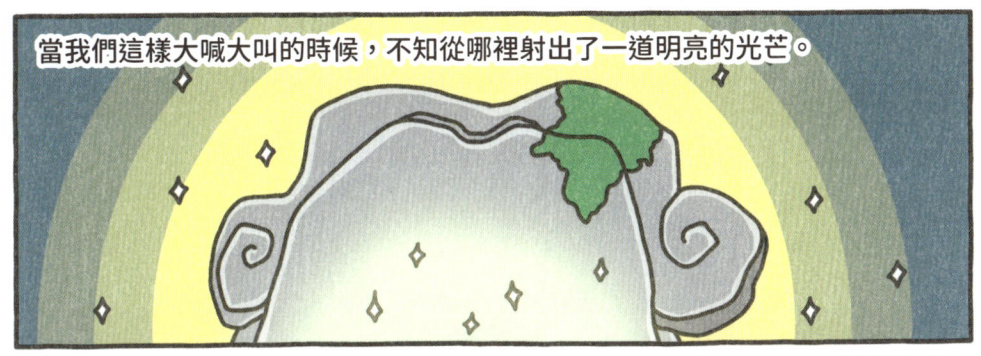

當我們這樣大喊大叫的時候，不知從哪裡射出了一道明亮的光芒。

是鑰匙孔。

啊，想起來了！

幽靈寶寶給的鑰匙！

我們把鑰匙插進石碑上。

隨即……

嘎嘎嘎

203

門終於打開了！

這是回家的大門呀！

過了這道大門，我們就可以各自回家了吧？

我們手牽手，一起走進大門裡。

愉快的對話

真心在地球之外也行得通！

大家都聽到大憲他們說的話了吧？
他們差點錯過回家的公車，被困在森林裡，
幸好他們坦誠相告，一行人才能平安無事地抵達目的地。
但是，什麼是坦誠相告呢……這話看似簡單，其實很難，對吧？
坦誠就如字面一樣，是坦率和真誠。

意思是，就像把自己最珍愛的畫作
展示給其他人看一樣，
把自己的真心掏出來給別人看。

各位，到現在為止，
我們一起走過這漫長的旅程，
學習了許多對話法。即使哪天全部都忘記了，
還是一定要記住一點，那就是與人交談一定要坦誠。

不說謊話，不要說話傷害別人的心，
將自己最純粹完整的心靈展現出來！

僅憑這一點，這個世界就會充滿美好的對話。

> 因為他們真心拜託，所以我一定要幫助他們！

第18章
回家！

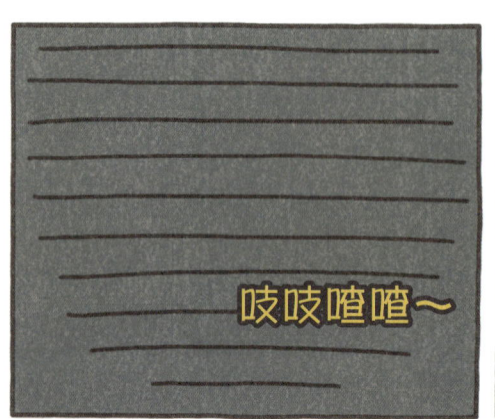

這……這不是家裡嗎？！
我哭著跑出來。
嗚嗚嗚～媽媽！
媽媽！爸爸！
發生了什麼事？
怎麼了？做惡夢了嗎？
我好想你們喔～
還以為發生什麼了，真是的！

我涕淚交加地哭著，
爸爸媽媽擁抱住我。
好了好了，大憲，別哭了，該上學去了！
嗄？上學？不是暑假嗎？
你在說什麼，今天開學呀～
嗄～？
媽媽，妳記得不久前我們才去了濟州島嗎？暑假還剩下一個月呢！
濟州島？什麼濟州島？

| 呃，完蛋了…… | 暑假都過去了。9月 |

但至少我們活著回來了！
我吃完飯再去上學！

我去了學校，

在那裡……
噠噠噠

拉妮、雲燦和載元都在！
大家都平安回來了！
謝天謝地！

我們像平常一樣上課，	跑來跑去玩耍，

像笨蛋一樣調皮搗蛋。

不過，如果說有什麼不一樣的話，那就是……！

喂，跟我到樓頂去。

樓……樓頂？

少廢話跟我走！記得帶錢！

等一下！

你知道你現在對待同學的行為非常暴力嗎?

你不可以這樣欺負同學。

不管你的力氣有多大也不應該這樣!

我看你是想搶了錢去買漫畫書,

或者去打遊戲吧!

這種同學該不會就是你吧~?

老師說過,如果有這種同學,一定要報告老師。

呃……，怎麼會有你們這種人。	可惡……

謝謝你們，幸好你們救了我！	一直被欺負，也很委屈呀！ 不用謝，下次你也教訓他兩句！

如果說有什麼不一樣的話，那就是透過對話讓自己周圍的世界變得更加幸福！

那個，你叫什麼名字？我叫奇雲燦。

嗯，我會的。

我叫李台路！

好酷的名字～是什麼意思呀？

嗯，這個嘛～

愉快的對話

對話是打開心門的鑰匙！

朋友們，大家好！
是我啦，你們親愛的朋友——崔大憲！
至今和我一起走過的旅程怎麼樣？
雖然各式各樣的問題很多，但一定也從中感受和學習到很多東西吧。
大家還記得嗎？

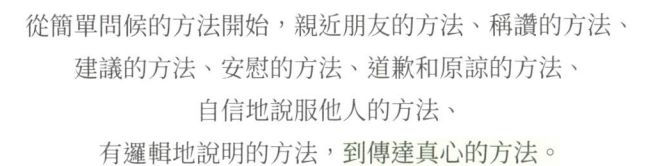

從簡單問候的方法開始，親近朋友的方法、稱讚的方法、
建議的方法、安慰的方法、道歉和原諒的方法、
自信地說服他人的方法、
有邏輯地說明的方法，到傳達真心的方法。

你們已經知道了對話中所需要的一切。
現在，闔上書，不用我說，你也知道自己接下來該做什麼吧？
那麼，趕緊去找你最愛的人吧！
不然就去找那個有滿腹的話想告訴他，卻一直說不出口的人！

**緊緊握住他的手，用還有點尷尬的方式
看著他的眼睛，訴說自己的真心話。**

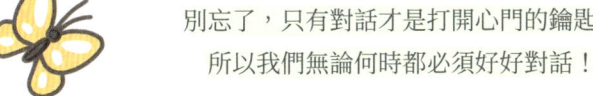

別忘了，只有對話才是打開心門的鑰匙，
所以我們無論何時都必須好好對話！

我現在一點也不怕說話了！

213

MEMO

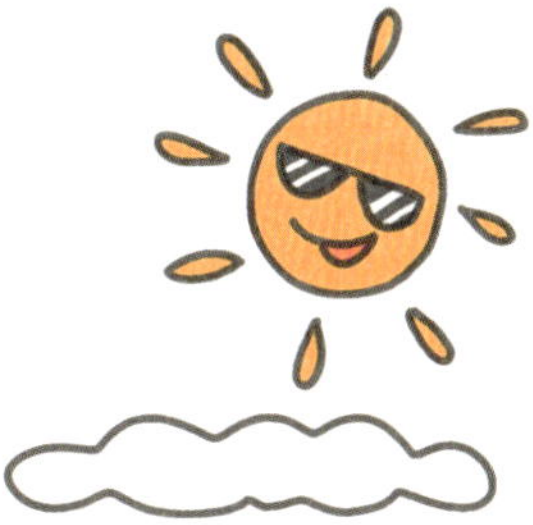

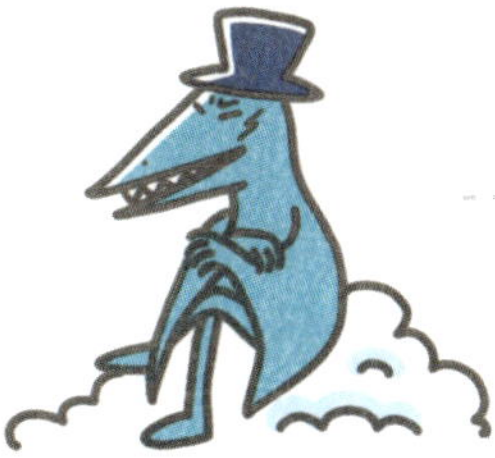

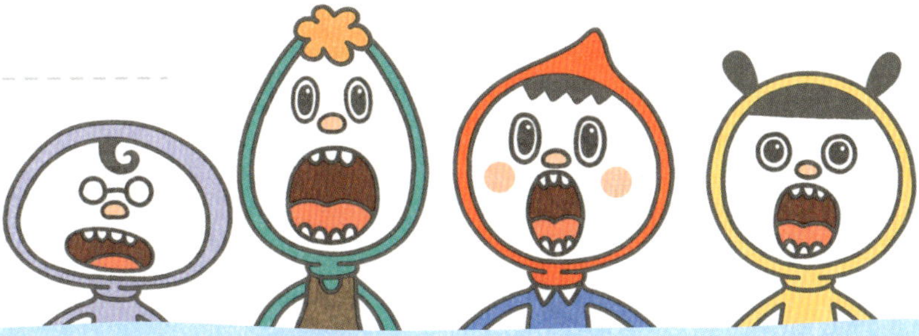

國家圖書館出版品預行編目（CIP）資料

交到100個新朋友：開啟心門的魔法溝通術/Little Bear著；游芯歆譯. -- 初版. -- 臺北市：臺灣東販股份有限公司, 2024.09
216面；16×23公分
譯自：친구 100명 대화법
ISBN 978-626-379-510-5（平裝）

1.CST: 人際關係 2.CST: 溝通技巧 3.CST: 通俗作品

177.3   113010811

친구 100명 대화법
(Adventure Of Conversation)
Copyright©2022 by Little Bear
All rights reserved.
Complex Chinese Copyright©2024 by TAIWAN TOHAN CO., LTD.
Complex Chinese translation Copyright is arranged with OLD STAIRS through Eric Yang Agency

交到100個新朋友
開啟心門的魔法溝通術

2024年9月1日初版第一刷發行

文 ‧ 圖	Little Bear
譯　　者	游芯歆
編　　輯	黃筠婷
美術編輯	黃瀞瑢
發 行 人	若森稔雄
發 行 所	台灣東販股份有限公司
	＜地址＞台北市南京東路4段130號2F-1
	＜電話＞（02）2577-8878
	＜傳真＞（02）2577-8896
	＜網址＞https://www.tohan.com.tw
郵撥帳號	1405049-4
法律顧問	蕭雄淋律師
總 經 銷	聯合發行股份有限公司
	＜電話＞（02）2917-8022

著作權所有，禁止翻印轉載。
購買本書者，如遇缺頁或裝訂錯誤，
請寄回更換（海外地區除外）。
Printed in Taiwan